Faire face au suicide

Rebekah Prewitt

Faire face au suicide

Copyright © 2019 par Billy et Rebekah Prewitt

Pour contacter l'auteur, email rp@lakecitycounsel.com

Tous les droits sont réservés. L'utilisation de courtes citations ou de copies

occasionnelles de pages pour une étude personnelle ou en groupe est

autorisée et encouragée. D'autres autorisations seront probablement

accordées sur demande.
Les noms des individus et les détails des histoires ont souvent été modifiés.

Dévouement

À l'épouse du Christ

Table des matières

Introduction

L'Esprit du Seigneur est sur moi, car il m'a oint pour prêcher l'Évangile aux pauvres; il m'a envoyé pour guérir les cœurs brisés, pour prêcher la délivrance aux captifs, et retrouver la vue des aveugles, pour mettre en liberté ceux qui sont meurtris.

—Luke 4:18

Cher ami,

Jésus veut te guérir! Il est venu pour guérir les cœurs brisés et mettre en liberté ceux qui sont meurtris. Cela ne fait peut-être que dix jours et le choc est frais. Cela fait peut-être dix ans, mais des larmes chaudes coulent toujours sur votre visage. De toute façon, je voudrais vous rappeler que parce qu'Il vit, vous pouvez affronter demain! Si vous avez perdu quelqu'un au suicide, j'espère que ce livre contribuera à votre processus de guérison. Si vous souhaitez aider ceux qui envisagent de se suicider, ce livre sera également une ressource utile. Ce livre n'est pas destiné à éveiller vos émotions. Nous savons que les sentiments ne peuvent pas faire confiance car ils fluctuent à chaque instant. Je voudrais plutôt stimuler votre intellect pour vous aider à « continuer dans la foi fondée et établie, et ne vous éloignez pas de l'espérance de l'Évangile» (Colossiens 1:23).

«Mon cœur a presque éclaté de mon corps», a déclaré Oral Roberts après avoir entendu parler du suicide de son fils. Perdre un être cher à la mort naturelle est déjà assez difficile, mais perdre un être cher à cause du suicide aggrave le chagrin. Le torrent d'émotions et de questions qui inondent le cœur est écrasant. L'effet de choc et d'engourdissement semble encapsuler tout le corps. Que peut-on offrir au monde aux personnes endeuillées dans un tel moment? Les mots, l'argent, les fleurs et les cartes sont totalement inadéquats pour apporter réconfort et guérison au cœur rompu, mais malgré la douleur, la question du sort éternel de cet être cher hante l'esprit. Où sont-ils allés?

En tant que conseiller chrétien, je regarde directement la Bible pour les réponses aux problèmes de mes clients. Certains pourraient penser que cette approche est bornée, mais je sais que la Bible peut faire confiance.

Il a été noté qu'il existe plus de 150 façons de pratiquer le conseil laïque, et aucune d'entre elles n'est d'accord. Contrairement à ces méthodes laïques, j'ai appris que la Bible est le seul livre qui traite correctement toutes les douleurs et les luttes dans le cœur humain et fournit le diagnostic précis pour traiter chacun de ces problèmes, même le suicide. Je me rends compte que certains disent que la Bible est muette sur la question du suicide; cependant, ce n'est tout simplement pas vrai. En lisant ce livre, vous découvrirez que la Bible, à la fois l'Ancien et le Nouveau Testament, a de vraies réponses liées au suicide.

Pourquoi pouvons-nous faire confiance à la Bible? Contrairement à tout autre livre, la Bible a un avantage incroyable en ce qu'elle n'est pas seulement des lettres noires et rouges disposées sur des pages. Il s'agit plutôt d'un document évolutif. Cela signifie que chaque mot a été respiré par le Saint-Esprit de Dieu. L'apôtre Pierre nous dit que «les saints hommes de Dieu parlaient comme ils étaient animés par le Saint-Esprit» (2 Pierre 1:21). Cela signifie que nous ne pouvons en escompter aucune partie. L'apôtre Paul enseigne également que " **Toutes les Écritures** sont inspirées de Dieu et sont utiles <u>à la doctrine</u>, <u>à la réprimande</u>, <u>à la correction</u>, <u>à l'enseignement de la justice</u> : <u>afin</u> que l'homme de Dieu soit parfait, entièrement fourni à toutes les bonnes œuvres" (2 Timothée 3: 16-17; italiques ajoutés).

La Bible, mon ami, n'est pas un tas de contes inventés. On peut lui faire confiance. Pierre nous dit: « Car nous n'avons pas suivi des fables astucieusement conçues, lorsque nous vous avons fait connaître la puissance et la venue de notre Seigneur Jésus-Christ, mais nous avons été **témoins oculaires** de sa majesté» (2 Pierre 1:16; italiques ajoutés). Un autre témoin oculaire , l'apôtre Jean déclare: "Ce que nous avons **vu et entendu,** nous vous le déclarons, afin que vous aussi ayez une communion avec nous: et vraiment notre communion est avec le Père et avec son Fils Jésus-Christ" (1 Jean 1: 3; italiques ajoutés).

La Bible est vraiment incroyable! Il n'est pas étonnant que les chrétiens à travers les âges aient subi des coups terribles, des conditions dures et méprisables, et soient morts cruellement plutôt que de se soumettre à d'autres enseignements. Un prisonnier chrétien à Cuba a été invité à signer une déclaration contenant des accusations contre d'autres chrétiens qui conduiraient à leur arrestation. Il a dit: "La chaîne m'empêche de signer cela."

L'officier communiste a protesté: "Mais vous n'êtes pas enchaînés!"

"Je le suis", a déclaré le chrétien. "Je suis lié par la chaîne de témoins qui, au cours des siècles, ont donné leur vie pour Jésus-Christ. Je suis un maillon de cette chaîne. Je ne la briserai pas."3

Qu'est-ce que cela a à voir avec le suicide , vous vous demandez? S'il y a jamais eu un endroit où chercher les réponses à la vie et à la mort, la Bible est cet endroit. Ce n'est jamais dépassé. Il n'a jamais besoin d'une nouvelle édition, et il est aussi vivant aujourd'hui pour nos temps modernes et nos problèmes modernes qu'il l'était il y a des années. Il nous dit clairement: «H est la vérité dure à toutes les générations» (Psaumes 100: 5). Comme vous le verrez bientôt, je ne suis certainement pas silencieux sur le suicide, mais il annonce les réponses dont nous avons besoin si nous ne voulons que l'écouter.

Chapitre 1

Savaient-ils ce qu'ils faisaient?

Je n'ai jamais su tout ce qu'il y avait dans la Bible avant d'avoir passé ces années en prison.
Je trouvais constamment de nouveaux trésors.
—John Bunyan[1]

Trois semaines plus tard, j'ai vu Ronnie pour la dernière fois sur cette terre. Il voulait emprunter plusieurs centaines de dollars. J'ai vidé mon portefeuille et j'ai dit: «C'est le dernier que je vous donne, Ronnie. Acheter plus de médicaments est voué à l'échec ... Vous devez prendre une décision de qualité pour laisser Dieu briser votre servitude. J'ai prié. J'ai ressenti en moi le pouvoir de Dieu pour vous libérer, mais je ne peux pas vous décider pour vous ... Rassurez-vous, Ronnie, mon cher fils, une fois pour toutes.

Il est parti.

Quelques jours plus tard, ... Richard est arrivé. Il était cendré. "Qu'est-ce qui ne va pas?" J'ai demandé.

« Papa, monte dans ma voiture et laisse-moi te ramener à la maison.»

Je suis entré. Je savais que quelque chose de grave s'était produit.

« La police vient de nous informer que Ronnie est mort.»

Mon cœur a presque éclaté hors de mon corps. "Qu'est-il arrivé?"

Ils pensent que c'était un suicide. »

... Peu de temps après la mort de Ronnie, le Dr Kenneth Hagin, père, et sa femme, Oretha, ont téléphoné pour souhaiter venir et nous donner un mot du Seigneur ...

Ce prophète de Dieu a dit: "Oral et Evelyn, le Seigneur veut que vous sachiez que votre fils n'est pas allé en enfer ..."

Puis il a dit à Evelyn et à moi qu'il avait prié avec de nombreuses personnes qui avaient fait suicider un membre de leur famille. Il a déclaré: «Dans tous les cas, la personne qui s'est suicidée ne savait pas ce qu'elle faisait.»

Le Dr Hagin nous a donné la réponse dont nous avions besoin. 2

Pour tous ceux qui souffrent de l'événement bouleversant de la perte d'un être cher au suicide, ces paroles prononcées par ce «prophète de Dieu» apporteraient beaucoup d'espoir et de paix, tout comme elles l'ont fait à ce célèbre évangéliste américain de la guérison, Oral Roberts. Essayons cependant d'évaluer deux de ces états.

1. "Le Seigneur veut que vous sachiez que votre fils n'est pas allé en enfer."

2. «Dans tous les cas, la personne qui s'est suicidée ne savait pas ce qu'elle faisait.»

Il faut se demander si ce que le Dr Hagin a dit est réellement vrai.

Examinons d'abord son dernier état : «Dans tous les cas, la personne qui s'est suicidée ne savait pas ce qu'elle faisait.» Comme ceux de Berea (Actes 17:11), nous devons également fouiller les Écritures et demander si la Bible a des exemples de personnes qui se sont suicidées et leur état d'esprit avant cet acte? Savaient-ils ce qu'ils faisaient?

La réponse est un «oui» sans équivoque. La Bible fournit plusieurs exemples de personnes qui se sont suicidées et leur état d'esprit avant de commettre l'acte. L'exemple le plus évident est celui de Judas Iscariot. Après avoir trahi Jésus pour 30 pièces d'argent, il est enregistré,

> Puis Judas, qui l'avait trahi, quand il vit qu'il était condamné, se repentit et rapporta les trente pièces d'argent aux principaux sacrificateurs et aux anciens, disant: J'ai péché en trahissant le sang innocent. Et ils ont dit: Qu'est - ce *que cela* nous fait? fais attention *à ça.* Et il jeta les pièces d'argent dans le temple, et partit, et alla se pendre (Matthieu 27: 3-5).

En décrivant la mort de Judas plus en détail, Peter a ajouté que Judas "tombant tête baissée, il éclata au milieu et tous ses entrailles jaillirent" (Actes 1:18).

Judas savait-il ce qu'il faisait?

Un autre exemple est celui d'Ahithophel, conseiller du roi David et d'Absalom. Quand Ahithophel a appris que son conseil avait été rejeté par Absalom et le peuple, «il a sellé *son* âne, et s'est levé, et l'a ramené chez lui dans sa maison, dans sa ville, et a mis sa maison en ordre, et s'est pendu, et est mort et a été enterré dans le sépulcre de son père »(2 Samuel 17:23).

Ahithophel savait-il ce qu'il faisait?

Je suis sûr que vous connaissez le premier roi d'Israël, le roi Saül. Lorsque les armées philistines le poursuivirent, de peur d'eux, Saül commanda à son porteur d'armures: "Tirez votre épée et enfoncez-la dedans; de peur que ces incirconcis ne viennent et ne me poussent à travers et ne me maltraitent. Mais son porteur de l'armure ne le ferait pas; car il avait très peur, c'est pourquoi Saül prit une épée et tomba dessus »(1 Samuel 31: 4).

Le roi Saül savait-il ce qu'il faisait?

En outre, suivant les traces du roi Saül, il est enregistré du porteur de l'armure de Saül: « Et lorsque son porteur d'armure a vu que Saül était mort, il est tombé de la même manière sur son épée et est mort avec lui» (1 Samuel 31: 5).

Ce porteur d'armure savait-il ce qu'il faisait?

Enfin, un autre roi d'Israël, Zimri me vient à l'esprit. «Et il arriva, lorsque Zimri vit que la ville fut prise, qu'il entra dans le palais de la maison du roi, et incendia la maison du roi au-dessus de lui avec le feu, et mourut» (1 Rois 16:18).

Zimri savait-il ce qu'il faisait?

Comme nous pouvons le voir, dans chacun de ces cas bibliques, chacun de ces individus a pris des mesures conscientes et délibérées pour mettre fin à sa propre vie.

Que se passe-t-il si la personne est sous drogue ou malade mentale?

On pourrait dire, cependant, qu'aucun des exemples ci-dessus ne concernait les drogues, les malades mentaux, les personnes instables ou folles; par conséquent, ceux qui se suicident dans ce genre de conditions ne savent vraiment pas ce qu'ils font. Je pense que cet argument peut être mieux répondu avec cet exemple clair tiré du chapitre cinq de Marc. Dans ce passage, nous constatons que Jésus et ses disciples ont rencontré un homme nommé Légion. Le texte dit,

> Qui avait *sa* demeure parmi les tombes; et aucun homme ne pouvait le lier, non, pas avec des chaînes: parce qu'il avait souvent été lié avec des chaînes et des chaînes, et que les chaînes avaient été arrachées par lui, et les chaînes brisées en morceaux: aucun *homme* ne pouvait non plus l' apprivoiser. Et toujours, nuit et jour, il était dans les montagnes et dans les tombeaux, pleurant et se coupant avec des pierres. Mais quand il a vu Jésus au loin, il a couru et l'a adoré (Marc 5: 1-6).

Pour réitérer, cet homme:

1. Vécu au cimetière

2. Il s'est cassé des chaînes et des chaînes lorsqu'il a été retenu

3. Ne pouvait être contrôlé par personne

4. La nuit et le jour étaient dans les montagnes et dans les tombeaux

5. Toujours pleurer

6. Toujours se couper avec des pierres

7. Ne portait pas de vêtements (selon le récit de Luc dans Luc 8:27)

Considérez-vous ce type comme un être humain respectable, ou considérez-vous les actions de cet homme et pensez-vous qu'il était fou? Sa propre société ne pouvait pas s'occuper de lui, alors je présumerais que la société d'aujourd'hui le condamnerait également à une institution mentale. Parfois, mon mari et moi conduisons à travers un quartier chic de Jacksonville, en Floride, où ils ont un panneau affiché, "Conduisez comme vos enfants vivent ici." Je doute que ces gens voudraient que ce gars rôde dans leur quartier chic et surtout près de leurs enfants, mais même si cet homme était fou, peut-être au bord du suicide, et dans un état des plus dépravés quand il a vu Jésus, le La Bible dit: "Il a couru et l'a adoré". Qu'est-ce que cette action surprenante nous apprend? Elle nous dit que même si cet homme a eu beaucoup de problèmes, il n'était pas suffisamment affaibli pour l'empêcher de crier à Jésus.

Encore une fois, nous posons la question: est-il vrai que «dans tous les cas, la personne qui s'est suicidée ne savait pas ce qu'elle faisait», comme le Dr Hagin l'a dit plus tôt? Sur la base des exemples bibliques, il semble que la Bible enseigne contrairement au Dr Hagin. Dans chacun des cas bibliques de Judas à Zimri, les personnes qui se sont suicidées étaient en possession de leur raison. La raison et la prise de conscience sont également des réalités facilement documentées, même dans les cas non bibliques de suicide. Cela nous amène à remettre en question la conclusion du Dr Hagin. Bien qu'il existe des centaines d'exemples de suicides conscients, je conclurai ce chapitre par deux qui ne se sont pas réellement soldés par un suicide pour illustrer le fait que ces personnes étaient effectivement conscientes et délibérées dans leurs actions.

Rose était accro au crack. Dans ses propres mots, Rose a déclaré:

> Pendant plus de trente ans de ma vie, j'ai participé à fumer du crack. J'ai finalement atteint un point où je voulais juste mettre fin à tout cela. Je sentais que ma famille, mon monde et même Dieu iraient mieux sans moi! J'allais me suicider. J'allais me couper les poignets. J'étais allongé sur le dos dans mon lit et j'ai simplement regardé le plafond et j'ai dit au Seigneur, j'ai dit "Seigneur, je ne veux pas mourir comme ça." J'ai commencé à crier au Seigneur et lui ai demandé: «Pouvez-vous me sauver encore une fois?» Alors, la prochaine chose que je connais, Pacific Garden Mission, m'est venue à l'esprit et je sais que ce n'était personne d'autre que Dieu parce que j'étais tout seul. J'étais comme pourquoi je dois y aller? Je peux rester ici. Tu ne peux pas faire un miracle ici? Mais Il m'a dit de partir et j'ai dit: "Bon Dieu, je vais sortir de la foi et je vais te faire confiance et je vais aller à cet endroit." [3]

Rose savait-elle ce qu'elle faisait?

Le deuxième exemple est celui de Glenda Revell. Enfant, Glenda a été sauvagement battue, agressée par son père à maintes reprises et a vécu avec une mère alcoolique froide et violente. À l'âge adulte, Glenda souffrait toujours des cicatrices de son passé violent et luttait contre une grave dépression. Tout en travaillant comme infirmière, Glenda est arrivée au point qu'elle a décidé de mettre fin à tout cela en surdosant les médicaments de son patient. Formée à sauver des vies et à prendre soin de ses vies, Glenda était maintenant prête à prendre la sienne. Elle écrit,

> Ma dernière année a été pleine de douleur et ma dépression s'est aggravée. . . *Personne ne pourrait jamais me vouloir,* pensai-je. *Je ne serai jamais mariée, je n'aurai jamais les enfants que j'aspire. Ma vie n'a aucun but. Je ferais mieux de mourir.* Non seulement je pensais cela, je le croyais de tout mon cœur. Mettre fin à ma vie semblait être la solution parfaite à tous mes problèmes de cauchemars et de douleur. . . Quand mes patients sont rentrés chez eux, j'ai trié les médicaments restants et j'ai gardé ceux que je voulais. . . Je n'avais aucune intention de faire un travail à mi-chemin. J'avais besoin de beaucoup de pilules. En trois mois environ, j'en ai eu plus qu'assez. [4]

Les plans meurtriers de Glenda, cependant, ont été merveilleusement interrompus. Le soir même où Glenda prévoyait de se suicider, elle a vu une brochure chrétienne qui disait: «Les quatre étapes de Dieu vers le salut». Glenda a dit: « *Ça ne pouvait pas faire de mal de lire quelque chose de religieux avant de mourir* , ai-je pensé.» Plus tard, je partagerai plus de l'histoire de Glenda, mais pour l'instant, je poserai simplement la même question.

Glenda savait-elle ce qu'elle faisait?

Sur la base de tous ces exemples bibliques et non bibliques, nous pouvons conclure que des efforts conscients, prudents et intentionnels ont été déployés par chacune de ces personnes suicidaires. Même dans l'état de ce que certains pourraient appeler la maladie mentale, comme l'état de dépression des deux femmes ci-dessus, ou la folie, comme l'homme que Jésus a trouvé dans les tombes, la personne était pleinement consciente et possédait la capacité d'agir avec la volonté .

Maintenant que nous avons évalué la dernière déclaration du Dr Hagin, la trouvant bibliquement et pratiquement incorrecte, tournons notre attention vers sa première déclaration: "Le Seigneur veut que vous sachiez que votre fils n'est pas allé en enfer." Est-ce une autre fausse déclaration, ou avait-il raison sur celle-ci?

Qu'arrive-t-il à un être cher qui se suicide? Vont-ils au paradis ou vont-ils en enfer?

Chapitre 2

Je veux savoir. Ma fille est-elle allée au paradis ou en enfer?

«Ma fille a dû coucher avec une centaine d'hommes avant de mourir. Elle s'est suicidée en mettant un pistolet sur sa tête. Mon église m'a dit qu'elle était allée au ciel. Je veux croire que c'est vrai, mais je lutte toujours avec. Je veux savoir. Ma fille est-elle allée au paradis ou en enfer? " C'était la question d'une mère qui a visité notre église pour la première fois. Venant le cœur lourd, elle cherchait désespérément des réponses.

C'est peut-être une question avec laquelle vous vous débattez? Quelle est la réponse?

Apprendre de Jésus

Après le baptême de Jésus, il a été conduit de l'Esprit dans le désert pour être tenté par le diable. Après avoir jeûné quarante jours et quarante nuits, il avait faim et, au milieu de cet état de faiblesse physique, il était confronté aux tentations du diable. Qui aurait jamais deviné que Jésus serait tenté de se suicider, mais Il l'était. Matthew records,

> Alors le diable l'emmena dans la ville sainte, et l'installa sur un sommet du temple, et lui dit: Si tu es le Fils de Dieu, jette-toi vers le bas: car il est écrit, il donnera à ses anges la charge de toi: et ils te porteront entre *leurs* mains, de peur qu'à tout moment tu ne heurtes ton pied contre une pierre (Matthieu 4: 5-6).

Le diable n'aurait pas pu choisir une meilleure déclaration à citer. W o ULD Jésus, étant le très Fils de Dieu, sauter pour savoir si Dieu le Père en effet enverra ses anges à Lui supporter? Est-ce qu'il raisonnerait en lui-même? *Après tout, c'est mon Père. Il m'aime. Il ne me laissera pas mourir.* Penserait-il, *eh bien, mon père et moi sommes une famille pour toujours. Rien ne peut nous séparer.* Est-ce qu'il raisonnerait ainsi? Absolument pas. Il ne semble pas que Jésus ait envisagé même un instant de tester Dieu. Au lieu de cela, Jésus a cité Deutéronome 6:16 au diable: «Il est écrit de nouveau, tu ne tenteras pas le Seigneur ton Dieu» (Matthieu 4: 7).

Pourquoi Jésus donnerait-il ce genre de réponse au diable? Pourquoi utiliserait-il le mot «tent»? Pourquoi n'a-t-Il pas dit: «Éloigne-toi de moi diable» à la place? La réponse est simple. Jésus a utilisé le mot «temp» pour décrire exactement ce que le diable faisait - et c'était tentant. C'est une chose intéressante lorsque vous appelez quelqu'un sur le tapis ou que vous le frappez là où ça fait mal. Jésus n'a pas raté la cible mais a clairement identifié le motif du diable. Nous remarquons que dans les deux autres tentations de Christ, Jésus n'a pas spécifiquement utilisé le mot «tent». Au lieu de cela, Il a utilisé ce qui était nécessaire pour ces occasions, mais pour cette occasion, Jésus a clairement indiqué au diable et à nous que cela tentait Dieu. Mais comment? Comment le diable a-t-il dit: «Si tu es le Fils de Dieu, jette-toi vers le bas ...», tentant vraiment Dieu?

La plupart d'entre nous savent déjà que dans la loi de Moïse, Dieu a dit: " Tu ne tueras pas" (Exode 20:13). «Tuer» parle ici de meurtre. Autrement dit, il est illégal de tuer. Puis, dans le Nouveau Testament, Jésus a rafraîchi la loi au jeune homme riche qui lui a demandé: "Bon Maître, que dois-je faire de bien, pour avoir la vie éternelle?" Jésus a répondu: «Tu ne tueras pas» (Matthieu 19: 16-18). Alors, comment est ce Dieu tentant? L'ordre était clairement donné: «Tu ne tueras pas». Quand Dieu dit de ne pas faire quelque chose et que nous le faisons de toute façon présomptueusement, nous le tentons. Nous le forçons à répondre. Paul dit dans le Nouveau Testament: « Ne tentons pas non plus le Christ» (1 Corinthiens 10: 9). Brièvement, permettez-moi d'illustrer en partageant ma propre triste expérience de tenter Dieu. J'espère que j'ai appris à ne plus recommencer.

J'ai eu un problème avec une dame, et je savais que la Bible m'avait dit que je devais pratiquer le principe de Matthieu 18:15: «De plus, si ton frère empiète sur toi, va lui dire sa faute entre toi et lui seul : s'il t'entend, tu as gagné ton frère. " J'hésitais cependant et j'avais peur d'affronter la situation. Mon mari et moi étions à l'épicerie quand j'ai vu la voiture de Fran s'arrêter. Nous étions sur le point de partir pour rentrer à la maison. Je savais que je devrais aller parler à Fran; cependant, j'ai résisté. Curieusement, juste au moment où nous allions monter dans le camion, mon mari a accidentellement verrouillé nos clés dans le véhicule. Maintenant, nous étions coincés dans le parking beaucoup et a dû attendre un serrurier. En attendant, mon mari essayait d'ouvrir la serrure pour que nous puissions monter dans le véhicule, mais il n'avait pas de succès. Maintenant, j'ai vraiment eu le temps d'aller parler à Fran, mais Je n'y suis pas allé. Au lieu de cela, j'ai chuchoté une prière à Dieu: " Seigneur, si tu veux que j'aille parler à Fran, laisse cette porte la tch pop up. " J'espérais que ce serait un signe certain de Dieu, mais le verrou n'a pas sauté. Soudain, j'ai été conscient du fait que ce que je faisais tentait Dieu. Je savais déjà ce que j'étais censé faire. Je l'ai fait pas besoin de subordonner mon obéissance à Dieu faisant un signe. Alors, je suis allé en tremblant pour parler à Fran.

J'essayais de forcer Dieu à répondre même si j'avais déjà reçu ses instructions claires. Quand nous connaissons la règle et désobéissons à la règle, nous tentons hardiment Dieu. Le diable connaissait le commandement de Dieu de ne pas tuer, mais il était toujours parfaitement disposé à trouver un autre texte dans la Bible qu'il pourrait tordre pour dire: « C'est bien pour vous de faire cela Jésus, parce que Dieu a pris des dispositions pour votre protection déjà, alors allez-y et sautez. Lorsque nous savons quoi faire, nous n'avons pas besoin de discuter ou de lutter avec.

Heureusement, Jésus n'était pas disposé à tenter Dieu même s'il était lui-même tenté. On pourrait dire, *oui, mais c'était Jésus.* Vrai. Vous avez raison, mais permettez-moi de vous rappeler que les Écritures disent de Jésus, qu'il «a été tenté en tous points comme *nous , mais* sans péché» (Hébreux 4:15; italiques ajoutés). Si Jésus avait sauté du pinacle du Temple, Jésus aurait commis un péché. Cela nous amène à conclure que les gens qui se suicident ont effectivement commis un péché.

"WWJD"

Il y a quelques décennies, il y avait un acronyme populaire que de nombreux chrétiens connaissent bien - WWJD. Il était destiné à nous rappeler d'évaluer notre situation actuelle et de poser la question «Que ferait Jésus?» Si nous devons répondre comme le Christ, que pouvons-nous apprendre de Jésus concernant la question du suicide?

1. Jésus était en effet tenté de se suicider comme beaucoup de gens aujourd'hui.

2. Jésus n'a pas pensé à se suicider - Non! Pas un instant.

3. Jésus a utilisé la parole de Dieu pour contrer la tentation.

4. Jésus n'a pas tenté Dieu.

5. Jésus n'a pas péché selon Hébreux 4:15.

Alors, où cela laisse-t-il Judas, Ahithophel, Saul, le porteur de l'armure de Saul, le fils d'Oral Roberts et même la fille de la femme mentionnée au début de ce chapitre?

De Judas, Jésus fait mention dans sa prière au Père: « Pendant que j'étais avec eux dans le monde, je les ai gardés en ton nom: j'ai gardé ceux que tu m'as donnés, et aucun d'eux n'est perdu, mais le fils de perdition ; afin que l'Écriture soit accomplie "(Jean 17:12). Plus tard, Pierre déclare également: " D'où Judas par la transgression est tombé, afin qu'il aille à sa place "(Actes 1:25).

De Saul, les archives de la Bible,

> Il est mort pour sa transgression qu'il a commis contre l'Éternel, *même* contre la parole de l'Éternel, qu'il gardait pas, et aussi pour demander un *conseil* de *celui qui avait* un esprit familier, pour en savoir davantage *de celui - ci;* Et il ne s'enquit pas de l'Éternel; c'est pourquoi il le tua et tourna le royaume vers David, fils d'Isaï (1 Chroniques 10: 13-14).

Un autre passage cite l'Éternel dit à David: « Mais ma miséricorde ne doit pas se retirera de lui, comme je l'ai pris *il* de Saül, que je mets devant toi loin » (2 Samuel 07:15).

Sur la base de l'enregistrement de ces exemples bibliques, ces individus ont été décrits par les mots «perdu», «tombé», «aller chez lui», «ranger», plus avoir la miséricorde de Dieu enlevée.

Matthew Henry, qui en résumant la mort de Judas, Saul et le porteur de l'armure de Saul, a écrit:

> Ceux-là sont en effet dans un état déplorable qui, étant amers dans l'âme, aspire à la mort, mais cela ne vient pas (Job 3:20, Job 3:21), en particulier ceux qui, désespérant de la miséricorde de Dieu, comme Judas, sautent dans un enfer devant eux, pour échapper à un enfer en eux. 2. Lorsqu'il ne put obtenir cette faveur, il devint son propre bourreau, pensant par là à éviter la honte, mais se heurtant à un péché odieux, et entraînant en son nom une marque d'infamie perpétuelle, comme felo de se - meurtrier. Jonathan, qui a reçu sa mort de la main des Philistins et a courageusement cédé au sort de la guerre, est mort sur le lit d'honneur; mais Saul est mort comme un idiot dieth, comme un lâche dieth - un orgueilleux fou, un lâche sournois; il est mort en homme qui n'avait ni la crainte de Dieu ni l'espérance en Dieu, ni la raison d'un homme ni la religion d'un Israélite, encore moins la dignité d'un

prince ou la résolution d'un soldat. Prions tous, Seigneur, ne nous induis pas en tentation, cette tentation. Son porteur d'armure ne le traverserait pas, et il avait bien raison de le refuser; car nul serviteur ne devrait être l'esclave des convoitises ou passions de son maître ... Son porteur d'armure qui refusait de le tuer refusa de ne pas mourir avec lui, mais tomba de même sur son épée, 1S 31: 5. Ce fut une circonstance aggravante de la mort de Saul, que, par l'exemple de sa méchanceté en se tuant, il a attiré son serviteur pour être coupable de la même méchanceté, et n'a pas péri seul dans son iniquité. [1]

De la mère qui a visité notre église, nous avons examiné le mode de vie immoral de sa fille avec elle et lui avons montré bibliquement que les gens qui commettent la fornication ne sont pas promis au paradis (" Ne savez-vous pas que les injustes n'hériteront pas du royaume de Dieu? Ne vous y trompez pas: ni les fornicateurs, ... hériteront du royaume de Dieu »(1 Co 6, 9-10). Alors que nous parlions, cette mère en est arrivée à la conclusion en larmes: «Je ne croyais vraiment pas qu'elle était allée au paradis.» Alors que ces vérités étaient difficiles à partager avec elle et émotionnellement difficiles à entendre, dire à cette mère la vérité l'a aidée à se libérer de la lutte qu'elle vivait.

Loi et châtiment

Au fil des ans, les lois des États sur le suicide se sont éloignées des préceptes bibliques. Dieu ne change pas sa loi en fonction des temps. Du début de la Bible à la fin, Dieu a été très clair sur ses attentes concernant le meurtre. Comme indiqué précédemment, tuer dans la loi signifie assassiner. Pour être coupable de meurtre, selon la Bible, la personne doit faire preuve de haine:

> Mais si quelqu'un hait son prochain, l'attend, se lève contre lui et le frappe mortellement, il meurt, et s'enfuit dans l'une de ces villes. Alors les anciens de sa ville l'enverront et le chercheront, et le livrer entre les mains du vengeur de sang, afin qu'il meure. Ton œil ne le plaindra pas, mais tu éloigneras la culpabilité du sang innocent d'Israël, afin qu'il se passe bien avec toi (Deutéronome 19: 11-13).

> Quiconque hait son frère est un meurtrier: et vous savez qu'aucun meurtrier n'a la vie éternelle demeurant en lui (1 Jean 3:15).

Noah Webster nous dit: « Pour constituer un meurtre en droit, la personne qui en tue une autre doit être saine d'esprit ou être en possession de sa raison, et l'acte doit être accompli avec malveillance, payé d'avance ou prémédité; mais la méchanceté peut être implicite, aussi bien qu'exprimée. "Si l'acte de meurtre est sur soi-même, alors, selon Webster, c'est:" Auto-meurtre; l'acte de détruire intentionnellement sa propre vie. "Comme vous l'avez vu dans chaque cas mentionné précédemment, la personne a prémédité l'acte d'autodestruction.

L'apôtre Paul a écrit: «Car personne n'a encore haï sa propre chair; mais la nourrit et la chérit, comme le Seigneur l'Église» (Éphésiens 5:29). Pourtant, les personnes qui se sont suicidées n'avaient aucun respect pour leur vie ... ce précieux cadeau de Dieu. Ils détestaient leur propre chair comme Esaü méprisait son droit d'aînesse. Ils étaient tellement absorbés par leurs propres problèmes que leur tout dernier acte était un acte tout à fait égoïste sans aucun véritable soin ou amour pour les gens qu'ils blesseraient. une partie grave de tout cela est qu'ils ont agi non seulement dans la haine envers eux-mêmes et envers leurs proches mais aussi envers Celui qui leur a insufflé la vie, leur Créateur. En conséquence, nous apprenons que la punition pour un tel crime nous est révélée dans les Écritures: «Et vous savez qu'aucun meurtrier n'a la vie éternelle demeurant en lui» (1 Jean 3:15). « Mais les affreux, les incroyants, les abominables, les meurtriers, les prostitués, les sorciers, les idolâtres et tous les menteurs auront leur part dans le lac qui brûle de feu et de soufre: c'est la seconde mort» (Apocalypse 21: 8).

Chapitre 3

Fausse consolation

*Enseigne-moi, et je tiendrai ma langue: et fais-moi compren-
dre où j'ai commis une erreur.*
—Job 6:24

Beaucoup de personnes endeuillées pleurent encore lourdement des années après un suicide. Cela peut se produire treize ou trente ans après les faits, et la perte de l'être cher est toujours la première chose dont ils veulent parler lorsqu'ils vous rencontrent. Ils sont tout aussi brisés que le jour où la tragédie s'est produite et boiteux pendant la vie. Ils peuvent même parler de Jésus, citer des versets bibliques ou écrire un livre sur leur perte dans l'espoir d'aider les autres, mais ils semblent être morts à l'intérieur. pourquoi est-ce le cas? Pourquoi ne sont-ils pas guéris des années après la tragédie? Une des raisons pour lesquelles certaines personnes ne sont plus jamais les mêmes et ne sont jamais guéries après avoir perdu un être cher par suicide, c'est parce qu'elles se sont faussement consolées. Ils partent de fausses hypothèses et arriveront naturellement à de mauvaises conclusions. Voici quelques exemples de ce dont je parle.

Fausse consolation # 1 - Le suicide n'est pas le péché impardonnable

Alors que beaucoup reconnaissent que le suicide est en effet un péché, ils croient que le suicide n'est pas le péché impardonnable. Ce genre de consolation présente des problèmes conséquents pour les personnes endeuillées. Pourquoi? Parce que cela dit qu'une personne peut mourir dans son péché et aller au ciel. Ce genre de pensée, cependant, annule la grâce de Dieu et le besoin de se repentir, ce qui supprime complètement l'œuvre de la croix. Je me souviens que Jésus a dit aux pharisiens sans équivoque: «Je vais mon chemin, et vous me chercherez et mourrez dans vos péchés: où je vais, vous ne pouvez pas venir» (Jean 8:21). "Une personne qui meurt dans ses péchés ne peut pas aller où Il est. Cela dit, la question n'est pas tant de savoir s'il s'agit du" péché impardonnable "mais de savoir si une personne peut intentionnellement commettre un péché et s'attendre à aller au paradis. et le faire pardonner sans repentir. Bien sûr, ce raisonnement fait l'hypothèse énorme que le suicide réel est le SEUL péché en question. Il néglige complètement la multitude de péchés qui ont conduit la personne à devenir suicidaire en premier lieu. personne vit dans le péché et rejette à plusieurs reprises la demande du Saint-Esprit de se repentir, le véritable suicide est comme une période à la fin d'un long livre. Il n'est pas isolé. Plutôt, ce n'est que la paille qui a brisé le dos du chameau.

Ce qui rend le suicide si grave, c'est que la personne n'a pas la possibilité de se repentir. On ne peut pas dire que leur bien-aimé s'est repenti avant de commettre ce péché parce que la vraie repentance consiste à se détourner du péché. Cet état d'esprit viole à la fois la logique et la Bible. Demander à Dieu de nous pardonner pour un péché que nous allons commettre n'est pas du repentir. C'est tenter Dieu volontairement. Pensez-y. Aucun juge juste n'acquitterait une personne si cette personne lui demandait de pardonner le vol de banque qu'il s'apprête à commettre. Ce serait ridicule. Le livre d'Hébreux 10: 26-29 nous dit,

> Car si nous péchons volontairement après avoir reçu la connaissance de la vérité, il ne reste plus de sacrifice pour les péchés, mais une certaine recherche effrayante du jugement et une indignation ardente, qui dévoreront les adversaires. Celui qui méprisait la loi de Moïse mourut sans pitié sous deux ou trois témoins: de combien de punition plus grave, supposez-vous, sera-t-il jugé digne, qui a foulé aux pieds le Fils de Dieu, et a compté le sang de l'alliance, avec quoi il a été sanctifié, une chose impie, et a-t-il fait malgré l'Esprit de grâce?

Nous voyons ici clairement que si nous péchons volontairement, nous nous dirigeons vers une «indignation ardente» à moins que nous ne demandions de l'aide à l'Esprit de grâce. Encore une fois, je le répète, la crise du suicide est évidente parce que la personne n'a pas la possibilité de se repentir et de faire appel à l'Esprit de grâce. Le vieil érudit, Matthew Henry, soutient à juste titre: «Certains qui ont obtenu une persuasion que le Christ est capable et désireux de les sauver de leurs péchés, sont alors tentés de présumer qu'il les sauvera dans leurs péchés. 1

Vous avez probablement entendu dire que tous nos péchés sont pardonnés en Christ - passé, présent et futur; Cependant, ce n'est pas vrai. Un examen attentif de la Bible nous enseigne le contraire. Prenons par exemple le livre des Romains. Dans ce livre, Paul nous enseigne que si l'on se repent, les péchés passés sont sous le sang plutôt que les péchés présents et futurs: "Dont Dieu s'est donné pour propitiation par la foi en son sang, pour déclarer sa justice pour la rémission de péchés du passé, grâce à la patience de Dieu. "(Romains 3:25). Bien sûr, le Seigneur a permis que nos péchés futurs soient pardonnés, mais ce pardon n'est acquis que lorsque l'on se repent du péché (1 Jean 1: 1). 9) qui pose un problème à ceux qui se suicident. Jésus a dit: "Je vous le dis, non: mais, à moins que vous ne vous repentiez, vous périrez tous également" (Luc 13: 3, 5). Sa parole sera une personne Son disciple (Jean 8:31). Qu'arrive-t-il à une personne qui cesse de continuer? Jean 15: 6 nous dit: "Si un homme ne demeure pas en moi, il est jeté comme une branche et est flétri; et les hommes les rassemblent et les jettent dans le feu, et ils sont brûlés. "

Voici autre chose à considérer. Selon Jésus, une personne est en danger d'aller en enfer pour avoir dit le mot "fou" (Matthieu 5:22). Pourquoi penserait-on que la mort par suicide mène au ciel? Si notre main, notre pied ou notre œil nous offensent, Jésus a dit qu'il valait mieux les couper plutôt que d'être jetés en enfer (Marc 9: 43-48). Sachant que Dieu prend le péché au sérieux, qu'est-ce qui fait penser qu'une personne qui pèche délibérément une mort par suicide exempte l'enfer?

La question n'est vraiment pas de savoir si le suicide est ou non le péché impardonnable. Une meilleure question est la suivante: une personne peut-elle commettre un péché et s'attendre à aller au ciel en refusant de se repentir? Jésus a dit à la femme surprise en adultère: « O et ne pèche plus» (Jean 8:11). Jésus a dit à l'homme impuissant: «Ne pèche plus, de peur qu'une chose pire ne t'arrive» (Jean 5:14).

Si une personne pèche sans vraiment se repentir de ce péché en se détournant du péché, alors on ne lui promet pas le ciel. Ceux qui se suicident meurent dans leurs péchés par leur tout dernier acte en ne se donnant aucune possibilité de se repentir. Vous vous souvenez peut-être que Jésus dans le tout dernier livre de la Bible dit de Jézabel: "Je lui ai donné un espace pour se repentir de sa fornication; et elle ne s'est pas repentie" (Apocalypse 2:21). Pourquoi Jésus serait-il si soucieux de donner de l'espace pour se repentir si une personne peut mourir dans son péché et aller au ciel? Pourquoi aurait-il dit à plusieurs des églises mentionnées dans l'Apocalypse de se repentir? Pourquoi Jésus prêchait-il la repentance dans son premier sermon: "Repentez-vous, car le royaume des cieux est proche" (Matthieu 3: 2)? Il est si important pour Dieu que nous nous repentions de nos péchés et ne mourions pas en eux que c'est le cœur même de l'Évangile.

Il n'est pas possible de guérir et d'être libéré de l'esclavage du chagrin et de la douleur en nourrissant une fausse consolation. Le mensonge n'apportera jamais la guérison. Voyez-vous à quel point se consoler de cette manière est préjudiciable?

J'étais dans les hauts plateaux du centre du Vietnam
quand quelqu'un a remarqué comment le
Les chrétiens y souffrent. Un chrétien vietnamien a fait la
remarque suivante:
"La souffrance n'est pas la pire chose qui puisse nous arriver.
La désobéissance à Dieu est la pire chose. "
- Tom White [2]
Emprisonné à Cuba pendant 17 mois
pour la diffusion de la littérature chrétienne

Fausse consolation # 2 - Ils ont donné leur cœur à Jésus

Certains qui pleurent amèrement de perdre un être cher au suicide disent que leur bien-aimé avait donné son cœur à

Jésus, et sur la base de l'œuvre de Jésus, leur bien-aimé est maintenant au paradis. Comme indiqué précédemment, cette façon de penser est périlleuse pour les personnes endeuillées. Permettez-moi de vous montrer pourquoi. Regardons le verset suivant du Nouveau Testament écrit par l'apôtre Pierre:

> Car si, après avoir échappé aux pollutions du monde par la connaissance du Seigneur et Sauveur Jésus-Christ, ils y sont de nouveau enchevêtrés et vaincus, cette dernière fin est pire pour eux que le commencement. Car il valait mieux pour eux de ne pas connaître la voie de la justice, qu'après l'avoir connue, de se détourner du saint commandement qui leur avait été délivré. Mais il leur est arrivé selon le vrai proverbe: Le chien est retourné à son propre vomi; et la truie qui lui avait été lavée dans la boue (2 Pierre 2: 20-22).

Que dit Pierre? Il dit que si une personne qui connaissait jadis Jésus revient dans le monde, alors ils sont comme un chien qui retourne à son vomi et un porc domestique à la boue. En d'autres termes, il aurait été préférable pour eux de ne pas avoir connu Christ du tout que de l'avoir connu et de se détourner.

Un chrétien peut-il commettre un suicide?

Cela m'amène à réfléchir à une nouvelle question. Un vrai chrétien peut-il se suicider? En utilisant le premier chapitre de ce livre comme base, chacun des exemples bibliques énumérés n'était pas des chrétiens pour ainsi dire. En d'autres termes, ils n'étaient pas des hommes pieux au moment de leur mort. Nous n'avons jamais vu un chrétien dans la Bible se suicider. C'était toujours l'impie. Qu'ils aient bien commencé et fini comme impies ou tout simplement impies tout le temps, ceux qui se sont suicidés ont toujours été impies à la fin.

Judas, qui était compté avec les 12 disciples de notre Seigneur Jésus, travaillait comme trésorier, guérissait les malades et était même trié sur le volet par Jésus, mais il s'est détourné de Jésus parce qu'il aimait plus la lucidité sale que Jésus (Matthieu 10: 2 -4, Jean 12: 6). Les autres mentionnés se trouvaient dans l'Ancien Testament. Saul, choisi par Dieu pour être le roi d'Israël, a également rétrogradé même si Dieu lui avait donné un autre cœur. Il avait même prophétisé (1 Samuel 10: 9-13), mais il «est mort pour sa transgression qu'il a commise contre l'Éternel, même contre la parole de l'Éternel, qu'il n'a pas gardée, et aussi pour avoir demandé conseil à celui qui avait un esprit familier, pour s'enquérir »(1 Chroniques 10:13). Les autres n'étaient pas répertoriés comme étant pieux. Ahithophel était un conspirateur et a donné des conseils pécheurs. Zimri, comme Ahitophel, était aussi un conspirateur et aussi un meurtrier (2 Samuel 15:31, 16:21; 1 Rois 16:16).

Demander si la personne a ou non donné son cœur à Jésus n'est pas la bonne question. Le fait qu'ils aient délibérément mis fin à leur vie dans le péché montre qu'ils s'étaient détournés de Jésus et faisaient partie des impies. On pourrait dire que leur proche ne savait vraiment pas ce qu'il faisait quand il s'est suicidé parce que la drogue lui rongeait la cervelle. Nous devons comprendre, cependant, qu'avant même d'en arriver au suicide, ils étaient déjà engagés dans une activité pécheresse. Ils s'étaient déjà séparés de Dieu par le péché avant même de mourir. Les justes s'éloignent malheureusement de la foi. La Bible regorge de tels exemples. Un passage qui résume une personne juste se détournant se trouve dans le livre d'Ézéchiel. Le Seigneur a dit à Ézéchiel:

> Mais quand le juste se détournera de sa justice, commet l'iniquité et fait selon toutes les abominations que le méchant fait, vivra-t-il? Toute sa justice qu'il a faite ne sera pas mentionnée: dans son délit qu'il a transgressé, et dans son péché qu'il a péché, il mourra en eux (Ézéchiel 18:24).

> Quand un juste se détourne de sa justice, commet l'iniquité et meurt en eux; car son iniquité qu'il a commise mourra (Ézéchiel 18:26).

La Bible dit que de nombreux disciples de Jésus se sont détournés de lui (Jean 6:60, 66). On ne peut pas dire: «Eh bien, ces gens n'ont jamais vraiment été sauvés au départ.» Le fait que la Bible ait utilisé le terme «disciples» indique clairement qu'ils suivaient effectivement Jésus. De plus, nous avons plus d'exemples de personnes qui ont quitté le service de Dieu. Prenez par exemple le roi Salomon, Joash et Demas pour n'en nommer que quelques-uns.

Salomon a été averti par son père et Dieu de ne pas s'écarter de la foi, mais il a choisi de ne pas tenir compte de ces avertissements. Il a permis à ses femmes de détourner son cœur de Dieu (1 Rois 11). Joash, s'est également détourné de suivre le Seigneur. La Bible dit de lui et des chefs: « Et ils quittèrent la maison de l'Éternel, le Dieu de leurs pères, et servirent des bosquets et des idoles; et la colère vint sur Juda et Jérusalem pour cela, leur intrusion. Pourtant, il [Dieu] leur a envoyé des prophètes pour les ramener à l'Éternel; et ils ont témoigné contre eux, mais ils n'ont pas prêté l'oreille »(2 Chroniques 24:18, 19). L'apôtre Paul a dit de Démas, compagnon et compagnon de travail: «Car Démas m'a abandonné, ayant aimé ce monde actuel, et est parti pour Thessalonique» (2 Timothée 4:10). Il y a plusieurs exemples à travers la Bible, à la fois dans l'Ancien et dans le Nouveau Testament, de personnes qui ont autrefois marché avec le Seigneur, mais l'ont rétrogradé et l'ont abandonné.

Votre bien-aimé est peut-être allé à l'église, a fait la prière du salut et a tout connu des choses de Dieu. Dieu était assez fidèle pour envoyer des avertissements comme Il l'a fait avec Joas et les dirigeants d'Israël. Dieu peut avoir donné ces avertissements à travers vous, leurs parents, un ministre, un ami pieux ou tout ce qui précède, mais tout comme Joash, votre bien-aimé n'écouterait pas. Vous vous êtes peut-être même vu dans l'histoire de la façon dont Oral Roberts a averti son fils, mais son fils a refusé d'entendre. Ami, souviens-toi que Jésus a dit: "Le détroit est la porte et étroit est le chemin qui mène à la vie, et rares sont ceux qui la trouvent" (Matthieu 7:14). L'apôtre Pierre nous rappelle également que "si les justes sont à peine sauvés, où apparaîtra l'impie et le pécheur?" (1 Pierre 4:18).

Après un suicide, je me rends compte que beaucoup de gens extraient des versets comme Jean 8:28, "... personne ne les arrachera de ma main", Hébreux 13: 5, "Je ne te quitterai jamais, ni ne t'abandonnerai", ou Romains 8: 38-39, "... ni la mort ... ne pourra nous séparer de l'amour de Dieu." Ils le font dans un effort pour réconforter et espérer que l'être cher perdu est dans le ciel. Mon mari réagit à cette façon de regarder la Bible avec ce que je considère comme une réponse très perspicace. Il dit: "La part du Christ est C'est notre part. Il ne peut pas nous quitter, mais si nous le quittons? Si nous ne pouvons pas quitter Christ, alors nous ne sommes plus des serviteurs mais des otages. " Ces versets de réconfort supposé ne promettent le paradis à personne, ils promettent seulement la fidélité de Dieu à ses promesses.

Quand on extrait des versets comme ceux ci-dessus pour suggérer qu'une personne qui s'est suicidée est au ciel, ils arrachent l'Écriture (2 Pierre 3: 16-17). Comment? T hey ne parviennent pas à prendre en compte tout le conseil (commandes, témoignages, statuts, paraboles) de Dieu de la Genèse à l' Apocalypse pour former un concesus solide sur la question du suicide. En effet, Dieu arrachera de ses propres mains et abandonnera et laissera ceux qui lui sont désobéissants.

Samuel a dit à Saul:

> Pourquoi me demandes-tu donc, puisque l'Éternel s'est éloigné de toi et est devenu ton ennemi? (1 Samuel 28:16).

Le Seigneur a dit au roi Salomon:

> Mais si vous vous détournez et abandonnez mes statuts et mes commandements que j'ai mis devant vous, vous irez servir d'autres dieux et les adorerez; Alors je les arracherai par les racines de ma terre que je leur ai donnée; et cette maison que j'ai sanctifiée pour mon nom, je la chasserai de mes yeux, et je ferai d'elle un proverbe et un synonyme parmi toutes les nations (2 Chroniques 7: 19-20).

Le Seigneur a dit à Asa:

> Écoutez-moi, Asa, et tout Juda et Benjamin; L'Éternel est avec vous, pendant que vous êtes avec lui; et si vous le cherchez, il sera trouvé parmi vous; mais si vous l'abandonnez, il vous abandonnera (2 Chroniques 15: 2).

Le Seigneur a dit à Joas et à la maison de Juda:

> Ainsi parle Dieu: Pourquoi transgressez-vous les commandements de l'Éternel, afin que vous ne puissiez prospérer? parce que vous avez abandonné l'Éternel, il vous a aussi abandonné (2 Chroniques 24:20).

Le Seigneur a également dit à Jérémie:

> Tu lui diras ainsi: L'Éternel dit ainsi; Voici, ce que j'ai bâti, je le ferai tomber, et ce que j'ai planté, je l'arracherai, même tout ce pays (Jérémie 45: 4).

Le Seigneur a dit à Roboam:

> Ainsi parle l'Éternel: Vous m'avez abandonné, c'est pourquoi je vous ai aussi laissé entre les mains de Shishak (2 Chroniques 12: 5).

Si l'on fouille vraiment la Bible, la preuve que Dieu abandonne son propre peuple est accablante. Maintes et maintes fois nous voyons des exemples que Dieu séparera de lui-même les gens qui commettent le péché. L'apôtre Pierre nous rappelle que "Si Dieu n'a pas épargné les anges qui ont péché, mais les a jetés en enfer ... Et n'a pas épargné le vieux monde, mais a sauvé Noé la huitième personne, un prédicateur de la justice, provoquant le déluge sur le monde des impies; ... Et en transformant les villes de Sodome et de Gomorrhe en cendres, ils les condamnèrent à un renversement, faisant d'eux un échantillon pour ceux qui, après, devaient vivre impies (2 Pierre 2: 4-6), puis ami, un doit nous demander, qu'est-ce qui nous fait penser que si nous nous détournons de Lui, nous nous échapperons d'une manière ou d'une autre? L'écrivain des Hébreux convient: Dieu, et a-t-il compté le sang de l'alliance, avec laquelle il a été sanctifié, une chose impie, et a-t-il fait malgré l'Esprit de grâce? "(10:29).

Jésus lui-même fait remarquer dans le tout dernier livre de la Bible que si un croyant ne triomphe pas, son nom sera effacé du livre de vie. C'est une affaire sérieuse. Nous devons faire tout ce qui est en notre pouvoir pour ne pas abandonner Dieu et retourner à nos péchés. Jésus a dit:

> Celui qui vaincra, celui-là sera vêtu de vêtements blancs; et je n'effacerai pas son nom du livre de vie, mais je confesserai son nom devant mon Père et devant ses anges. Celui qui a une oreille, qu'il entende ce que l'Esprit dit aux églises (Apocalypse 3: 5-6).

Les deux fausses consolations dont nous avons discuté jusqu'à présent, «Le suicide n'est pas le péché impardonnable» et « Ils ont donné leur cœur à Jésus», sont des malentendus et des tromperies fondées sur la doctrine populaire de la sécurité éternelle - la doctrine qui enseigne que l'on ne peut jamais perdre son salut, ou «une fois sauvé, toujours sauvé». Il s'agit d'une doctrine mortelle qui a profondément imprégné l'Église de conséquences mortelles. Comme vous pouvez le voir dans ces deux fausses consolations, cet enseignement porte un grand préjudice au corps du Christ. Il donne à la fois le faux suicide et la fausse espérance endeuillée.

Fausse consolation # 3 - Ils étaient malades mentaux

Aujourd'hui, beaucoup de personnes endeuillées considèrent que leur proche était atteint de maladie mentale pour justifier la mort de son proche. Il s'agit d'une réponse qui est promue dans le domaine du conseil laïque, et certains chrétiens l'adoptent rapidement comme une réponse viable.

En janvier 2019, un article disait:

> Jim Howard était pasteur du campus de Valence de la Real Life Church, qui compte 7 000 membres. Des ambulanciers paramédicaux du service d'incendie du comté de Los Angeles ont été dépêchés au domicile d'Howard après un rapport faisant état d'une blessure par balle auto-infligée.

Le pasteur principal de l'église a répondu:

> Malheureusement, Jim a souffert en privé de problèmes de santé mentale - dont il a courageusement discuté certains en public - et a été aux prises avec des problèmes personnels au cours des derniers mois. Cette semaine, il a pris la décision tragique de mettre fin à sa douleur. [3]

Un autre cas célèbre est celui de Matthew Warren. En avril 2013, Matthew s'est tiré une balle dans la tête. Selon les informations, "le pasteur de Megachurch, Rick Warren, a déclaré samedi que son fils de 27 ans s'était suicidé après une bataille de longue date contre la maladie mentale". 4

Lorsque le chrétien endeuillé commence à se mobiliser pour la maladie mentale, il fait en fait campagne contre un enseignement biblique clair. Selon le Dr Jay E. Adams,

> Vous devez comprendre qu'en dehors des blessures, des tumeurs et d'autres problèmes cérébraux, la maladie mentale n'existe pas. Ceux qui utilisent cette terminologie - à moins qu'ils ne parlent métaphoriquement - utilisent des mots de manière inexacte. Toute vraie «maladie» est organique. Pourtant, ces personnes, en adoptant une terminologie médicale, obscurcissent le problème. Comment une entité non organique (quelle qu'elle soit) pourrait-elle provoquer une maladie non organique? L'idée même est absurde. C'est le corps qui tombe malade. Ne vous laissez pas tromper par la terminologie médicale utilisée pour décrire un problème non médical. 5

Aujourd'hui, la maladie mentale a une définition si large qu'il semble que tout problème rencontré par une personne peut être diagnostiqué comme une maladie mentale, et tout diagnostic de ce type est contraire aux Écritures. Prenez par exemple la dépression. La dépression est un problème avec l'âme d'une personne. Le psalmiste écrit: «Pourquoi es-tu abattu, ô mon âme? Et pourquoi es-tu inquiet en moi? Espère en Dieu, car je le louerai encore, qui est la santé de ma physionomie et mon Dieu» (Psaume 42 : 11), pourtant beaucoup disent aujourd'hui que la dépression est une maladie mentale. Cela laisse le deuil questionner dont le rapport à croire. Croirez-vous le rapport du Seigneur ou le rapport du psychiatre ou du médecin? Il est beaucoup plus facile de blâmer un aimé la mort d'une personne sur une sorte de maladie que de reconnaître réellement sa vie pour ce qu'elle était. Il est encore plus difficile d'admettre une culpabilité de votre part, le cas échéant. Cela se résume essentiellement à un transfert de responsabilité et se révélera désastreux pour la guérison des endeuillés.

Fausse consolation # 4 - Aller vers les mauvaises personnes pour obtenir de l'aide

Les personnes qui ont perdu un être cher par suicide peuvent facilement demander de l'aide et du réconfort aux mauvaises personnes. Prenons par exemple ce véritable récit de Jessica. Jessica a perdu son père âgé au suicide. À la recherche de réponses, Jessica a trouvé un livre écrit par Tom qui a également perdu un proche par suicide. Tom lui enseigne toutes les fausses consolations énumérées ci-dessus, et Jessica est d'accord avec les conclusions de Tom sur la question. Pourquoi c'est un problème? Des gens comme Tom qui ne sont pas correctement guéris et qui n'ont pas une solide compréhension biblique sur la question filtrent souvent ce qu'ils ont à dire à travers leurs propres expériences. Les enseignements filtrés à travers les expériences humaines ne sont souvent pas alignés sur la Bible. Cela rend l'avocat dangereux.

Vous voyez, je n'ai pas besoin d'être un ivrogne pour que je puisse conseiller une personne sur la question. Je n'ai jamais été ivrogne, mais je peux vous dire que lorsqu'une personne est ivrogne, elle manifeste ces comportements:

- Ils se blessent et ne savent pas comment.

- Ils babillent.

- Ils ont des rougeurs aux yeux.

- Ils regardent des femmes étranges.

- Ils disent des choses que s'ils étaient sobres, ils auraient honte de le dire.

- Une épine peut monter dans leur main et ils ne la sentiront pas.

- Ils titubent quand ils marchent et titubent dans leur propre vomi.

- Ils ne savent pas où ils se trouvent lorsqu'ils sont ivres.

- Ils peuvent se faire fouetter et ne pas le sentir.

- À leur réveil, ils chercheront de nouveau de l'alcool.

- Ils arrivent à la pauvreté.

- De plus, je peux vous dire que l'ivresse est un péché.

- Les ivrognes n'hériteront pas du royaume de Dieu.

Comment puis-je savoir tout cela? Je n'ai jamais connu l'ivresse. De toute évidence, vous connaissez la réponse - la Bible. Vous savez donc que je ne filtre définitivement pas ces informations à travers mes propres sentiments ou expériences parce que ma compréhension de l'ivresse a son fondement dans la Bible. C'est la source de toute sagesse divine. Les personnes qui ont subi une perte par suicide et qui sont toujours brisées par leur propre perte ne sont pas les bonnes personnes à qui demander conseil et réconfort même si elles sont des personnes célèbres.

Un autre groupe de personnes qui ne sont pas les bonnes personnes à qui demander de l'aide sont les conseillers laïques. Ce sont des conseillers qui exercent dans une perspective de santé mentale / comportementale tels que des thérapeutes, des psychiatres ou des psychologues. Ces types de conseillers sont tenus de se former et d'étudier les enseignements et les pratiques de personnes impies comme Freud par exemple, et sont normalement eux-mêmes impies. Aucun chrétien ne devrait se soumettre à entendre les conseils ou les conseils moraux d'une personne qui n'est pas chrétienne née de nouveau, quelle que soit sa formation dans son art. Ces types de conseillers sont formés pour affecter l'esprit et les émotions des personnes et ne sont pas équipés pour faire face à la nature spirituelle des problèmes des gens. Ces conseillers laïques sont considérés dans notre société comme des experts, mais en réalité, leur vision de l'homme et de ses problèmes est contraire à la Bible. Cela met le client dans un endroit dangereux où un avocat impie s'exprime dans sa vie. Cela est particulièrement vrai si le client est chrétien. Dieu est le seul qui est divin. Il est l'expert. Il sait comment l'homme travaille et sait comment le réparer.

Soyez prudent car même si le conseiller dit qu'il est un conseiller chrétien ou biblique, il peut encore pratiquer sous le parapluie de la santé mentale et intégrer des méthodes impies. Par exemple, il y a des conseillers «chrétiens» qui ont suggéré que leurs clients utilisent des techniques de relaxation, de méditation ou d'imagerie. Ces techniques ne sont certainement pas bibliques, mais ces conseillers ajouteront un verset biblique à leur technique pour la faire paraître religieuse. T techniques ont souvent leurs es racines dans les pratiques religieuses orientales et doivent être évités entièrement par les chrétiens.

Mon mari travaillait dans une prison et l'une des choses qu'il a apprises au cours de sa formation est la suivante: les personnes les plus dangereuses de la prison ne sont pas les détenues. Les personnes les plus dangereuses de la prison sont les employés compromis. Un conseiller chrétien compromis est une personne dangereuse à côtoyer car ses conseils sont repérés.

Pour que les personnes endeuillées reçoivent l'aide appropriée, voici quelques caractéristiques de base d'un conseiller bibliquement qualifié:

1. Le conseiller doit être un chrétien né de nouveau.

2. Le conseiller <u>ne</u> doit <u>pas</u> opérer dans le cadre d'une formation laïque (c.-à-d. MHC, MFT, CSW, LPC, etc.).

3. Le conseiller doit tenir à la position biblique qu'une personne qui se suicide ne va pas au paradis?

Si le deuil trouve un conseiller qui ne remplit pas toutes ces conditions, ce n'est pas le conseiller auquel s'adresser. Rappelez-vous, c'est une grande tentation de réconforter une personne blessée en lui disant que son bien-aimé est allé au ciel même si la Bible dit le contraire. La plupart des gens ont peur d'exprimer cela à une personne blessée, mais un conseiller qui n'a pas peur de dire la vérité avec amour sera mieux équipé pour gérer correctement votre cas.

Fausse consolation # 5 - Parler aux morts

Une dernière chose que je voudrais mentionner est le danger que les personnes endeuillées recherchent la consolation en parlant aux morts. Permettez-moi d'expliquer ce que je veux dire. Lorsque nous perdons un être cher, que ce soit par suicide ou non, il y a une tentation d'essayer de lui parler. Par exemple, nous pourrions tomber sur une photo de cette personne et commencer à parler à cette personne sur la photo. Nous pourrions même faire face à la tentation de prier cette personne comme si elle avait en quelque sorte le pouvoir d'entendre nos prières. Ce genre de consolation est nocif pour les personnes endeuillées.

Les gens parlent souvent au défunt lors des funérailles et, dans ces cas, ils expriment leurs sentiments dans un sens figuré. Il s'agit très probablement de mots d'adieu en quelque sorte. Dans ces cas, la personne n'essaie pas de communiquer ou de se reconnecter aux morts. La Bible en a un exemple dans le roi David:

> Et David dit à Joab et à tous les gens qui étaient avec lui: Rend tes vêtements, et te ceint de sac, et pleure devant Abner. Et le roi David lui-même a suivi la bière.
>
> Et ils enterrèrent Abner à Hébron; et le roi éleva la voix, et pleura sur la tombe d'Abner; et tout le monde pleurait.
>
> Et le roi se lamenta sur Abner, et dit: Mort Abner comme un idiot meurt?
>
> Tes mains n'étaient pas liées, ni tes pieds mis dans des chaînes: comme un homme tombe devant des méchants, ainsi tu es tombé. Et tout le monde pleurait à nouveau sur lui.
>
> Et quand tout le peuple vint faire manger de la viande à David alors qu'il faisait encore jour, David jura, disant: Dieu me fait aussi, et plus encore, si je goûte du pain ou si je devrais le faire jusqu'à ce que le soleil se couche (2 Samuel 3: 31-35).

Nous voyons ici deux choses très importantes:

1. La Bible a pris soin de nous dire que la lamentation de David avait eu lieu au moment de l'enterrement.

2. David a jeûné jusqu'au coucher du soleil.

La lamentation de David fut brève. Il ne parlait pas à Abner après avoir quitté le cimetière, et il ne jeûnait pas plus longtemps que nécessaire.

Juste au moment où j'allais finir ce livre, ma mère est décédée soudainement. Nous n'avions aucun avertissement ni aucune raison de penser qu'elle mourrait. Aux funérailles, j'ai regardé dans le cercueil et lui ai dit quelques mots. Comme nous le voyons avec David, cela fait naturellement partie du processus de deuil; cependant, chercher à continuer de parler dans les jours à venir conduira les personnes endeuillées sur la mauvaise voie de guérison. Malheureusement, parler aux morts est ce que certains conseillers recommandent. Même certains qui se disent conseillers chrétiens le suggèrent. Si vous êtes encouragé à parler à une photographie, à écrire une lettre au défunt, à pratiquer l'imagerie (générer des images mentales pour stimuler les sentiments en l'absence de stimuli) ou toute autre méthode de reconnexion avec les morts, retirez-vous . Ayez peur de toute personne qui vous encourage à convoquer les morts de quelque manière, forme ou forme. En tant que chrétiens, nous devons tester les conseils que nous entendons avec la Bible. Le conseil du monde peut sembler innocent car il est couvert de professionnalisme et de vêtements modernes, mais ce n'est pas différent que d'essayer de regarder dans une boule de cristal. Rappelez-vous ce que le roi Saül a fait avec la sorcière à Endor (1 Samuel 28: 7-15)? Dieu a dit aux enfants d'Israël: « Quand tu seras entré dans le pays que l'Éternel, ton Dieu, te donnera, tu n'apprendras pas à faire après les abominations de ces nations ... Car tous ceux qui font ces choses sont en abomination pour les Éternel ... l'Éternel, ton Dieu, ne t'a pas laissé faire ainsi "(Deutéronome 18: 9, 12, 14).

Bien que cette liste de fausses consolations n'ait pas mentionné toutes les fausses consolations possibles, la guérison de la personne endeuillée ne passera jamais par aucune des voies non bibliques mentionnées ci-dessus. Malheureusement, ils boiteront pour le reste de leur vie, morts à l'intérieur s'ils demandent de l'aide aux mauvaises personnes, blâment la maladie mentale, croient que leur bien-aimé ne pourra jamais perdre le salut, ou continueront de croire qu'une personne peut commettre le péché sans repentance et toujours aller au ciel.

Alors, comment trouvez-vous une vraie consolation après avoir subi un tel coup? La vraie consolation est-elle même possible? Découvrons-le.

Chapitre 4

Véritable consolation

Dieu de culte

La vraie consolation commence par s'approcher de Dieu. Ceci est la première étape. Nous apprenons cela de l'homme dont le nom est devenu synonyme du mot problème - l'homme nommé Job. Dans la chaleur des crises de Job, il s'est jeté devant Dieu. Lui, «tomba sur le sol, et adora, et dit: Je suis sorti nu du ventre de ma mère, et nu j'y retournerai: l'Éternel a donné, et l'Éternel a enlevé; Béni soit le nom de l'Éternel! Dans tout cela, Job n'a pas péché ni chargé Dieu de folie »(Job 1: 20-22). Comme Job, le bere aved doit venir à Dieu et lui rendre ce cœur endeuillé. Cela lui donne l'occasion de guérir. Malheureusement, de nombreuses fois, les personnes endeuillées ont peur de laisser tomber leur chagrin, car cela les fait se sentir mieux si elles peuvent souffrir. Pour certains, ils ont été tellement habitués à obtenir la sympathie et les soins des autres que si quelqu'un essaie de toucher cet endroit tendre pour leur apporter la guérison, ils reculent. Curieusement, ils veulent conserver ce chagrin. 1 Prenons par exemple l'histoire du pasteur Danny et de sa femme Marissa:

Le pasteur Danny et Marissa ont perdu leur fils au suicide il y a 7 ans, mais ils pleurent toujours lourdement la perte. Tant et si bien, qu'un jeune membre de leur église a récemment déclaré que peu importe la gravité des choses dans sa vie, il ne voulait pas se suicider parce qu'il ne pouvait pas supporter de voir ses parents souffrir sur lui comme ces gens sont Souffrance. Vous voyez, ce genre de souffrance est une souffrance contre nature qui mène les endeuillés à leur propre mort. Danny et Marissa ne sont pas une image de la puissance de guérison de Dieu. Au lieu de guérir, leur chagrin contre nature coule dans leur vie vers ce jeune homme et probablement vers le reste de leur congrégation. « Car la tristesse selon Dieu opère la repentance au salut dont il ne faut pas se repentir: <u>mais la douleur du monde opère la mort</u> » (2 Corinthiens 7:10; italiques ajoutés). Le pasteur John Kilpatrick enseigne que,

> Si vous êtes en deuil depuis plus de quelques
> semaines et que cela a duré des mois et des

années, vous êtes lié par un chagrin contre nature. Il y a un chagrin qui tue une partie de vous à la fois, et si le diable réussit à tuer une partie de vous, et si vous le permettez, alors il ne faudra pas longtemps après qu'il fasse se flétrir cette partie de vous et se ratatiner. Ensuite, il passera à d'autres domaines de votre âme, à d'autres domaines de votre personnalité et à d'autres domaines de votre vie. Le diable ne veut pas vous détruire tous d'un seul coup, mais il veut entrer et enlever une couche à la fois et vous regarder souffrir. [2]

Peut-être que certains d'entre vous peuvent s'identifier aux paroles du pasteur Kilpatrick. Vous avez ralenti à l'intérieur après le suicide de votre bien-aimé. Même lorsque vous vous retrouvez à rire, votre cœur est toujours triste. Le deuil, cependant, n'a jamais été conçu pour entraîner la mort en nous, mais plutôt pour une seule saison. Si vous vous souvenez, quand Moïse est mort " les enfants d'Israël ont pleuré Moïse dans les plaines de Moab pendant trente jours: ainsi les jours de pleurer et de pleurer Moïse ont pris fin" (Deutéronome 34: 8).

Pour chaque chose, il y a une saison, ... un temps pour guérir;
un temps pour se décomposer et un temps pour s'accumuler;
Un temps pour pleurer et un temps pour rire;
Un temps pour pleurer, et un temps pour danser.

—Ecclésiaste 3: 1-4

Au moment d'écrire ce livre, une chose intéressante m'est arrivée. Je venais de terminer la lecture de *Through Gates of Splendor* d'Elisabeth Elliot. Il s'agit d'un livre sur cinq missionnaires qui ont quitté les États-Unis pour prêcher l'Évangile aux Indiens Auca en Amérique du Sud. Après des années de planification minutieuse et d'efforts considérables pour apporter les cadeaux Aucas et leur montrer de la gentillesse, les cinq missionnaires ont perdu la vie alors que les Auc les attaquaient sauvagement et les mutilaient brutalement avec des machettes et des lances.

La mort de ces missionnaires m'a tellement saisi le cœur que j'ai été profondément attristé par leur perte et par les cinq veuves laissées pour compte. C'étaient des gars très amusants et des chrétiens merveilleusement dévoués. En lisant leur histoire, vous ne pouvez pas vous empêcher de les aimer. À l'intérieur, j'étais en colère contre les Aucas pour être de tels sauvages. Je sais que Jésus nous a dit que nous devions aller prêcher l'Évangile et que nous serions persécutés. Je sais aussi que dans ce cas, ces hommes sont morts de morts glorieuses, mais je ressentais toujours de la haine envers les Aucas. Au fil du week-end, j'étais dans une accalmie. Je me souviens même d'avoir chuchoté une prière ce dimanche soir dans le lit, *Seigneur, aide-moi avec ce chagrin.*

Le lendemain matin, après avoir vu mon mari au travail, j'étais toujours au cœur lourd. Malgré cela, je suis allé dans mon bureau pour avoir mes dévotions quotidiennes. J'ai commencé à prier tranquillement dans l'Esprit (parler en langues). Mon esprit devait être encore sur la mort de ces missionnaires parce que j'ai arrêté de prier en langues et je me suis retrouvé à dire: *Seigneur, je me repens d'avoir de l'amertume dans mon cœur envers ces Aucas. S'il vous plaît, pardonnez-moi. Je leur pardonne ce qu'ils ont fait et les libère de ma rancune de pardon.*

J'ai été un peu surpris par ma propre prière car je ne me suis pas rendu compte que j'avais le pardon envers les Aucas (après tout, c'est un livre). J'ai continué à prier dans l'Esprit pendant un temps où tout à coup, la puissance de l'Esprit est venue si puissamment sur moi que je ne parlais plus doucement en langues. J'ai senti la puissance de Dieu reposer sur moi et j'ai parlé fort et hardiment. Cette expérience n'a duré que quelques secondes, puis elle a disparu. Je me suis alors demandé si le Seigneur voulait peut-être interpréter quelque chose selon ma compréhension naturelle, alors je me suis arrêté et j'ai écouté. Rien. Dans le passé, quand j'ai vécu une expérience comme celle-ci, j'ai entendu le Seigneur me communiquer quelques mots, mais cette fois je n'ai rien entendu. En réfléchissant à l'expérience, je ne savais pas trop quoi en penser. Je ne savais pas pourquoi Il était venu ou ce qu'Il voulait que je fasse, alors j'ai continué à prier légèrement en langues. Puis, après environ une minute, la pensée m'est venue que la profonde impression sur moi du Saint-Esprit était Lui répondant à ma prière que je priais dimanche soir. En quelques secondes, Il a enlevé cette profonde douleur morbide et profonde que j'avais vécue tout le week-end. J'ai remarqué que je me sentais à nouveau léger. Il m'avait guéri! Louez Dieu pour sa puissance !!!

Elisabeth Elliot, l'épouse d'un des missionnaires mentionnés ci-dessus, a dit: «Tout, s'il est offert à Dieu, peut et deviendra votre porte d'entrée vers la joie.» 3 Si vous vous êtes accroché au chagrin, approchez-vous de Dieu et laissez-le vous imposer les mains.

N'y a-t-il pas de baume en Galaad? n'y a t'il pas de physiciens ici?
pourquoi alors la santé de la fille de mon peuple n'est-elle pas retrouvée?

—Jérémie 8:22

Un homme qui a perdu sa petite fille à cause d'une maladie inconnue a déclaré: "Je ne savais pas qu'un humain pouvait faire si mal. Pendant 14 semaines, je n'ai pas pu prendre plus d'un demi-souffle. Ma femme m'a dit que mes épaules commençaient pour se courber. " Après 14 semaines, le Seigneur l'a conduit au Brownsville Revival à Pensacola, en Floride. Il a dit: "Cette nuit-là, j'ai tout donné à Jésus parce que je n'avais plus rien." Quand il a fait cela, le Saint-Esprit est intervenu sur lui. Il est tombé par terre et s'est allongé là pendant une heure et demie. Il a poursuivi: "Je suis descendu ici pour voir si le Seigneur m'aimait et me donnerait une autre chance. Et quand je suis rentré chez moi, c'était deux jours après. Je conduisais et pour la première fois, j'ai réalisé que depuis que je suis descendu de cet étage samedi soir, il m'a enlevé ce chagrin. Et je n'ai pas fait mal depuis 5 secondes en plus de dix mois. " 4

O eul lorsque le endeuillées viennent à Dieu et permettre à l'Esprit Saint de Dieu d'être libérés dans cette partie de leur vie vont - ils l'expérience de la guérison véritable de cette profonde douleur. Au fond du chagrin et du désespoir, vous pourriez dire, *je ne veux pas guérir. Je veux juste qu'ils reviennent. C'est incroyablement difficile pour moi. Je ne peux pas vivre avec moi-même en sachant le sort de mon enfant.* Je vous assure qu'il n'y a pas besoin d'une bataille à vie contre le chagrin, mais tout commence par approcher Dieu. Alors, comment abordez-vous Dieu?

Se repentir

Les personnes endeuillées devraient commencer par se repentir. Cela peut sembler absurde pour certains, mais les personnes endeuillées ont été profondément blessées par les actions du défunt. Souvent, l'objectif du suicide de leur bien-aimé a été tellement amplifié que les personnes en deuil peuvent ne pas réaliser et réparer les torts qui leur ont été causés par leur défunt. Même s'ils le reconnaissent, ils peuvent avoir peur d'exprimer ces sentiments même à eux-mêmes, mais ils ont été lésés. L'action du défunt de se suicider a blessé toute sa famille. Un conjoint doit se débrouiller seul avec les enfants. Les parents, qui ont peut-être tout fait pour aider leur enfant, constatent que cet enfant les a trompés et les a blessés. Il en va de même pour une sœur ou un frère qui les avait aimés et avait pris soin d'eux avant le suicide. Le défunt ne voyait que ses propres problèmes et besoins et non ceux des autres. Comment les personnes endeuillées gèrent-elles cette injustice? Ils ont été lésés.

Comme pour toute situation à laquelle nous sommes confrontés face à une injustice qui nous est faite par quelqu'un d'autre, nous devons nous présenter devant Dieu et libérer cette personne de notre pardon. Peut-être que les personnes endeuillées sont en colère et blessées avec le défunt pour ce qu'elles ont fait. Ils sont peut-être même en colère contre Dieu pour avoir permis que cela se produise. C'est pourquoi les personnes endeuillées doivent se présenter devant le Seigneur et se repentir de lui pour avoir nourri toute colère envers le défunt et même Dieu lui-même. Peut-être que leur prière pourrait ressembler à ceci:

Seigneur, je suis désolé pour toute colère que j'ai nourrie contre ___________ et contre Toi. S'il vous plaît, pardonnez-moi. Je vous libère et ___________ de ma rancune de pardon. Veuillez me guérir.

Je me sens coupable

O mon fils Absalom, mon fils, mon fils Absalom! Dieu serait-il mort pour toi,
O Absalom, mon fils, mon fils!

—2 Samuel 18:33

Certains endeuillés pourraient avoir peur de s'approcher de Dieu parce qu'ils se sentent coupables. Si vous luttez avec la culpabilité à cause d'un échec de votre part, vous n'êtes pas seul. Lorsque le roi David a perdu son fils Absalom, il doit également avoir connu la culpabilité. Si vous vous souvenez de l'histoire, David n'a pas réprimandé son fils, Amnon, qui a violé sa fille Tamar, la sœur d'Absalom. En conséquence, Absalom a assassiné Amnon et maintenant a été assassiné lui-même. Il est écrit de David: «Le roi, très ému, monta dans la chambre au-dessus de la porte et pleura. Et comme il allait, il dit donc: Ô mon fils Absalom, mon fils, mon fils Absalom! Dieu serait-il mort pour toi, ô Absalom, mon fils, mon fils! ... Mais le roi se couvrit le visage, et le roi cria d'une voix forte, ô mon fils Absalom, ô Absalom, mon fils, mon fils! "(2 Samuel 18:33, 19: 4). Ce n'est que lorsque Joab, le général de l'armée de David, est intervenu et a remis en cause David pour son comportement que David a enterré la tête et est retourné s'occuper du peuple.

Parfois, nous avons tous besoin d'un Joab dans nos vies. Si vous avez une véritable culpabilité pour un échec de votre part envers votre proche perdu, il est très important de traiter cette culpabilité de manière appropriée. Peut-être qu'en tant que parent, vous avez refusé d'empêcher votre fils ou votre fille de faire le mal comme le roi David. Eli a également fait la même chose (1 Samuel 2-3). Peut-être avez-vous encouragé votre mari à commettre des péchés et n'avez jamais protesté. Quelle que soit la raison de votre véritable culpabilité, voici quelques étapes à suivre:

1. Commencez par pratiquer 1 Pierre 5: 7 qui dit: « Portez tous vos soins sur lui; car il prend soin de toi. Jetez tout ce que vous vous souciez de Dieu. Reconnaissez votre ou vos échecs et repentez-

vous auprès du Seigneur pour tout tort que vous avez fait à votre proche. « Mais tu es un Dieu prêt à pardonner, miséricordieux et miséricordieux, lent à la colère et d'une grande bonté» (Néhémie 9:17).

2. Suivez le principe de Jacques 5:16 qui dit: « Confirmez vos fautes les unes envers les autres, et priez les uns pour les autres, afin que vous soyez guéris. La prière fervente efficace d'un homme juste est très utile. » Allez voir un autre chrétien sincère et authentique, peut-être votre pasteur, et partagez avec lui comment vous avez échoué. Demandez-lui ensuite de prier pour vous.

Fausse culpabilité

Si vous ressentez de la culpabilité, il est important de reconnaître qu'il existe quelque chose appelé fausse culpabilité. Si vous savez que vous avez fait de votre mieux pour élever votre enfant ou aider cet être cher perdu dans les voies du Seigneur, alors ce que vous ressentez est une fausse culpabilité. La fausse culpabilité ressemble beaucoup à la vraie culpabilité avec le même poids de lourdeur et, tout comme la vraie culpabilité, peut conduire à la dépression si elle n'est pas correctement traitée. La fausse culpabilité vous dit que c'est de votre faute. Vous vous entendez dire des choses comme: *Si je n'avais fait que ceci,* ou *si je l'avais fait seulement, il ou elle serait encore en vie aujourd'hui* . Pour illustrer la réalité de la fausse culpabilité, je vais partager un scénario qui est communément vu chez les enfants.

Jason avait 6 ans lorsque son père me l'a amené pour des conseils. Les parents de Jason allaient divorcer, et j'ai suggéré que Jason allait avoir besoin d'aide pour trier cette tragédie. Jason s'assit tranquillement au début. Puis, après quelques préliminaires, j'ai demandé: «Jason, à qui pensez-vous que ce soit que vos parents ont divorcé? Est-ce la faute de ton père? "

Jason n'a pas répondu. "Jason, était-ce la faute de ta maman?" Encore une fois, Jason n'a pas répondu. Alors j'ai dit: "Jason, était-ce de ta faute?" Jason baissa la tête et acquiesça, oui.

Jason était aux prises avec une fausse culpabilité. Ce n'était pas la raison pour laquelle ses parents avaient divorcé, mais c'était en quelque sorte le message que Jason était resté dans son esprit. Peut-être, s'il était un meilleur enfant ou faisait ceci ou cela ... Peut-être, juste peut-être, ses parents seraient toujours ensemble.

La fausse culpabilité générera des questions dans votre esprit. Cela vous fera également peur de dire que ce que vous vivez est une fausse culpabilité. Ce que je ferais normalement avec une personne qui éprouve une fausse culpabilité, c'est présenter les faits aussi clairement que possible. Je veux qu'ils comprennent clairement que cela ne pourrait pas être leur faute. Ils ont été trompés et leurs sentiments doivent être à l'œuvre dans cette tromperie. Les sentiments et les faits peuvent être brouillés. Il est très important de déchiffrer systématiquement les deux. Lorsqu'une personne voit que ce qu'elle ressent n'a aucun fondement dans la réalité, alors elle est en voie de se remettre d'une fausse culpabilité.

Cela dit, il est important de reconnaître que le diable est très rusé pour manipuler nos sentiments. Si vous vous battez avec une fausse culpabilité pour un suicide, je vous encourage à prendre en compte les faits qui sont présentés dans ce livre, et soyez prêt à réprimander le diable au nom de Jésus. Comme ceux qui éprouvent une réelle culpabilité, je vous encourage à aller voir votre pasteur et lui demander de prier pour vous concernant ces sentiments. Le réconfort de Dieu doit être plus grand que le chagrin que vous vivez. 5

Console avec chansons

Une partie instrumentale du processus de guérison consiste pour les personnes endeuillées à s'encourager avec des chants chrétiens. Aussi simple que cela puisse paraître, nous trouvons des victoires incroyables dans la Bible lorsque les gens adoraient Dieu en chantant. Paul et Barnabas par exemple, étaient liés avec des chaînes dans une cellule de prison, et même dans cette position inconfortable, ils se sont retrouvés à chanter des louanges à Dieu à minuit. En conséquence, Dieu a desserré leurs bandes et leur a ouvert les portes de la prison (Actes 16:25). Comme c'est génial! C'était à cause du culte. Plus tard, Paul a écrit: « Parlez-vous dans des psaumes, des hymnes et des chants spirituels, chantez et faites de la mélodie dans votre cœur au Seigneur» (Éphésiens 5:19). Le prophète Isaïe a dit: «Pour nommer à ceux qui pleurent en Sion, pour leur donner de la beauté pour les cendres, l'huile de joie pour le deuil, le vêtement de louange pour l'esprit de lourdeur; afin qu'on les appelle des arbres de justice, la plantation de l'Éternel, afin qu'il soit glorifié »(Ésaïe 61: 3). Cher ami, vous nourrir de chants spirituels est important pour votre guérison.

Il existe des centaines d'artistes chrétiens dans tous les genres de musique. Ces musiciens ont créé des chansons pour nous élever et pour nous permettre d'adorer Dieu. Je vous encourage à acheter des chansons chrétiennes édifiantes et à les écouter. Chantez avec eux et dansez devant votre Dieu. Cela inaugurera sa présence, afin qu'il puisse bouger dans votre vie et libérer vos liens de lourdeur.

Bénissez et remerciez Dieu

« En <u>tout</u> Célébrez: <u>pour cela est la volonté de Dieu</u> . En Jésus - Christ vous » (1 Thessaloniciens 5:18, italiques ajoutés) Je vous encourage à obtenir le livre, la *prison à la louange,* . Par Merlin Carothers Dans ce document , vous lirez les témoignages de personnes qui ont rendu grâce pour les pires circonstances et la fidélité de Dieu à leur égard. Nous devons rendre gloire et remerciements à Dieu en <u>toutes</u> circonstances. Cela signifie rendre grâce même dans les circonstances les plus dévastatrices. Quand la tragédie frappe notre famille , mon mari et moi avons appris à arrêter tout ce que nous faisons et à rendre grâce à Dieu. Job a dit: "Béni soit le na me de l'Éternel." S'approcher de Dieu en premier est la bonne façon pour les personnes endeuillées de répondre à la tragédie et leur guérison sera beaucoup plus rapide.

Nous savons que la Bible parle de Job comme d'un homme parfait, droit, craignant Dieu et évitant le mal. La vie de Job a été complètement abandonnée à Dieu. La façon dont il fonctionne dans ses crises nous apprend qu'une personne qui lui est remise au Christ **ne le** pouvoir par le Christ pour bien répondre aux crises auxquelles ils sont confrontés. Lorsque vous vous approchez de Dieu avec un abandon complet, des choses incroyables se produisent. Comme Job, Dieu pourra vous utiliser comme exemple pour ses ennemis. Il pourrait juste nous montrer un peu - quelque chose que Satan déteste. Cela montre au diable que même si nous avons été créés un peu plus bas que les anges, nous pouvons toujours obéir à Dieu et plaire au cœur de Dieu lorsque nous sommes secoués. C'est une réalité que Satan ne pourra plus jamais atteindre. En d'autres termes, Dieu obtient la gloire si nous réagissons bien à travers les crises qu'Il permet dans nos vies, donc notre réponse est critique!

Admettez la réalité de la situation

Afin de recevoir une véritable guérison de la perte du suicide, que vous soyez un parent, un enfant, une sœur, un frère, un oncle, une tante ou qui que vous soyez, il est extrêmement important de refuser de couvrir le comportement du défunt. Soyez comme la mère du chapitre deux qui a dit: «Ma fille doit avoir couché avec cent hommes avant de mourir.» Reconnaissez les péchés que vous savez que votre proche faisait. Ne les cache pas. Dans le premier chapitre de Job, nous voyons que Job n'a pas enfoui sa tête dans le sable car il concernait ses enfants. Il a plutôt reconnu qu'ils ont peut-être péché et maudit Dieu dans leur cœur. En adoptant délibérément cette approche, vous et votre famille pourrez commencer le processus de guérison.

Ils avaient un libre arbitre

J'ai appris que chaque personne a un libre arbitre, et même Dieu n'enlèvera pas cette volonté. D'après mon expérience de travail avec les femmes dont les maris les ont quittées, nous pouvons prier pour que ce mari rentre chez lui. Nous pouvons apprendre à la femme à être la meilleure femme possible, mais si ce conjoint refuse de revenir, il a le choix. Même si ce n'est pas le bon choix, le choix demeure. Nous savons depuis le début qu'Adam et Eve ont reçu l'ordre de ne pas manger de l'arbre de la connaissance du bien et du mal. Si Dieu l'avait voulu, Il aurait pu mettre une clôture autour de cet arbre, le verrouiller et rendre impossible pour eux d'y accéder, mais Il ne l'a pas fait. Il a plutôt laissé cet arbre bien en vue et avec un accès complet. Seule une commande se tenait entre eux et l'arbre, et nous connaissons le résultat final.

Si quelqu'un tendait une poignée de billes blanches et vous disait: «Choisissez votre couleur préférée», vous penseriez qu'ils jouaient avec vous. Pourquoi? Les choix ont été supprimés. Si Dieu enlevait à l'homme la possibilité de pécher, l'homme n'aurait pas eu le choix de vouloir le servir ou non. Nous serions tous des robots. Les occasions de pécher doivent être présentes pour que nous choisissions de faire le bien. De même, peu importe combien vous avez fait pour les aider, votre bien-aimé avait le libre arbitre. Vous leur avez peut-être répété maintes et maintes fois. Cela ne change toujours pas le fait qu'ils avaient un Dieu donné le libre arbitre, et vous, ni personne d'autre, auriez pu leur retirer cette volonté. Ils avaient le même libre arbitre qu'Oral Roberts savait que son fils, Ronnie, avait. Il a dit à son fils: «Acheter plus de médicaments est voué à l'échec. . . Vous devez prendre une décision de qualité pour laisser Dieu briser votre esclavage. J'ai prié. J'ai ressenti en moi la puissance de Dieu pour vous libérer, mais je ne peux pas vous décider. » Il connaissait le pouvoir du libre arbitre de l'homme.

Refuser de blâmer ou de maudire Dieu

Même les meilleurs chrétiens sont troublés par la question: «Pourquoi un Dieu tout-puissant envoie-t-il, ou du moins permet-il, la souffrance?» Lorsque vous êtes harcelé par de telles pensées, dites-vous: «Je suis à l'école primaire. Quand je serai diplômé de l'université de la vie chrétienne, je comprendrai mieux Ses voies et les doutes cesseront. »

- Richard Wurmbrand 6
Emprisonné pour un total de 14 ans
Roumanie

Dans toute crise qui secoue la vie, les gens cherchent souvent à blâmer Dieu. *Dieu, pourquoi as-tu laissé cela arriver? J'étais une bonne personne. Je n'ai jamais fumé, bu, fait la fête ou fait les autres mauvaises choses que font les gens. Pourquoi avez-vous permis que cela m'arrive? Je suis pasteur. Qu'ai-je fait pour mériter cela? Pourquoi les autres ont-ils encore leur fils ou leur fille, ou leur mari ou leur femme, ou leur frère ou leur sœur, ou leurs parents et pas moi? Pourquoi moi? Pourquoi suis-je endeuillé?* Je veux vous encourager à entendre la vérité sur la façon dont Dieu pense. Maintes et maintes fois, le Seigneur dit des choses comme:

1. Car je ne prends aucun plaisir à la mort de celui qui meurt, dit le Seigneur, l'Éternel: tournez-vous donc et vivez (Ézéchiel 18:32).

2. Écoutez donc maintenant ... les statuts et les jugements que je vous enseigne, pour les faire, afin que vous viviez (Deutéronome 4: 1).

3. Vous marcherez dans toutes les voies que l'Éternel, votre Dieu, vous a ordonnées, afin que vous viviez, que vous vous portiez bien et que vous prolongiez vos jours dans le pays ... (Deutéronome 5:33).

4. Car je connais les pensées que je pense à vous, dit l'Éternel, des pensées de paix et non de mal, pour vous donner une fin attendue (Jérémie 29:11).

5. Le voleur ne vient pas, mais pour voler, tuer et détruire: je suis venu pour qu'ils aient la vie et pour qu'ils l'aient plus abondamment (Jean 10:10).

6. Car le Fils de l'homme n'est pas venu pour détruire la vie des hommes, mais pour les sauver (Luc 9:56).

7. Bien-aimés, je souhaite avant tout que tu prospères et que tu sois en bonne santé, comme ton âme prospère (3 Jean 1: 2).

8. De même, ce n'est pas la volonté de votre Père qui est dans les cieux, que l'un de ces petits périsse (Matthieu 18:14).

Comme vous pouvez le voir, le Seigneur a de bonnes intentions envers nous. Ce ne sont que quelques exemples de la façon dont Dieu pense à nos vies. Il veut que nous gardions ses commandements et que nous suivions ses statuts et ses jugements afin que nous vivions. Dieu ne voulait pas que votre proche se suicide. Il ne veut pas que nous participions au péché. C'est le même Dieu qui a dit: « Il n'y aura parmi vous personne qui fasse passer son fils ou sa fille dans le feu, ou qui utilise la divination, ou un observateur des temps, ou un enchanteur, ou une sorcière» (Deutéronome 18:10). Contrairement aux dieux païens, notre Dieu est un bon Dieu et a une bonne volonté envers nous. Parfois, on entend beaucoup parler de bonne volonté à

Noël. «Gloire à Dieu au plus haut et sur la paix de la terre, bonne volonté envers les hommes» (Luc 2:14).

Dieu fait lever le soleil sur le mal et sur le bien et envoie la pluie sur les justes et sur les injustes. C'est un bon Dieu. Lorsque nous le blâmons, nous accusons la mauvaise personne. Ce n'est pas la raison pour laquelle votre proche s'est suicidé. Ce n'était pas sa volonté qu'ils périssent. Ils ont fait ce choix. Vous êtes-vous arrêté pour considérer que le Seigneur est encore plus affligé que vous à propos de votre bien-aimé? Vous êtes-vous arrêté pour voir comment cette tragédie lui brise le cœur? Il a aimé votre bien-aimé plus que jamais. Vous l'avez peut-être donné naissance, mais il les a créés et façonnés à sa ressemblance et à son image. Ne pensez-vous pas que cela lui a fait mal de les voir refuser de l'écouter? Il compta les poils sur leur tête et captura leurs larmes dans une bouteille. Avez-vous compté les cheveux sur leur tête ou capturé leurs larmes dans une bouteille? Réfléchissez à la façon dont il les a aimés et est attristé de leur disparition au lieu d'être en colère contre lui et de l'accuser à tort de tout acte répréhensible. Plutôt, pourquoi ne pas vous joindre à lui et pleurer ensemble.

Comme Job l'a rappelé à sa femme: «Quoi? Recevrons-nous le bien de la part de Dieu, et ne recevrons-nous pas le mal? » Voici la déclaration: «Dans tout cela, Job n'a pas péché avec ses lèvres» (Job 2:10). Nous devons refuser de maudire Dieu et de lui serrer le poing lorsque nous souffrons.

Acceptez cette tragédie comme une opportunité de croissance

Il est bon pour moi d'avoir été affligé; afin que j'apprenne tes statuts.
- Psaume 119: 71

Dieu permet des tragédies dans nos vies. Ces tragédies servent souvent de points de jonction. Ils viennent nous secouer. Ils nous secouent jusqu'à ce qu'il semble que nous n'avons plus rien et, comme l'apôtre Paul, nous désespérons même de notre propre vie. Job a décrit ses sentiments très graphiquement. Il a dit qu'il avait l'impression que Dieu l'avait attrapé par le cou et l'avait secoué en morceaux (Job 16:12). Ce genre de circonstances peut révéler rapidement de quoi nous sommes vraiment faits. Ils découvrent si nous avons construit toutes ces années sur le sable ou si nous avons construit sur le rocher. Jésus a dit:

> Quiconque vient à moi, écoute mes paroles et les met en pratique, je vous montrerai à qui il ressemble.

> Il est comme un homme qui a construit une maison, a creusé profondément et a posé les fondations sur un rocher; et quand le déluge s'est levé, le ruisseau a battu avec véhémence cette maison, et n'a pas pu la secouer: car elle était fondée sur un rocher.

> Mais celui qui écoute et ne fait pas, est comme un homme qui, sans fondation, a bâti une maison sur la terre; contre lequel le torrent battait avec véhémence, et aussitôt il tomba; et la ruine de cette maison était grande (Luc 6: 47-49).

Ce dernier verset dit: «Celui qui écoute ...» Entendez-vous? Le pasteur Kilpatrick dit: «Dieu enverra des gens dans votre vie qui seront objectifs. Une personne qui peut vous secouer au lieu de vous plaindre dans cette douleur anormale. » 7 Voulez-vous écouter? Si votre chagrin est insupportable, c'est le bon moment pour vous de considérer votre fondation en Christ. Avez-vous construit sur la mauvaise base? Avez-vous été trompé en pensant que vous êtes d'accord avec Dieu alors que vous ne l'êtes peut-être pas? Avez-vous tordu l'Écriture pour l'adapter à vos propres programmes? Êtes-vous tombé dans un enseignement sensible aux chercheurs où le péché n'est plus mentionné dans l'église? Si vous êtes pasteur, avez-vous enseigné un évangile de «une fois sauvé toujours sauvé?» Si vous êtes un évangéliste, avez-vous renoncé à vous occuper de l'éducation de vos enfants dans les voies du Seigneur? Avez-vous fait une alliance impie en étant inégalement lié à une personne ou une organisation particulière afin de pouvoir être avec la foule? Vous êtes-vous écarté des principes de la foi par souci de popularité?

Cela peut être un bon moment dans votre vie pour vous examiner devant Dieu. «Examinez-vous, si vous êtes dans la foi; faites vos preuves »(2 Corinthiens 13: 5). Avez-vous établi vos propres règles sur la façon de vivre cette vie, ou avez-vous obéi à la sienne? Normalement, c'est pendant les périodes de notre vie où nos cœurs sont brisés et éclatés en morceaux que nous apprendrons les plus grandes leçons sur nous-mêmes et notre relation avec Dieu. C'est comme si Dieu devait nous amener au point où nous sommes suffisamment sobres. Il doit littéralement nous sortir du mode de vie que nous avons vécu pour nous remettre sur la bonne voie avec Lui.

Je me souviens du roi Manassé. Il est dit que « Manassé a fait pécher Juda et les habitants de Jérusalem et faire pire que les nations que l'Éternel avait détruites devant les enfants d'Israël» (2 Chroniques 33: 9). Quand Dieu l'a dépouillé, l'a lié avec des chaînes et des épines, et l'a porté à Babylone pour la méchanceté qu'il avait fait, alors, et seulement alors: Dieu de ses pères, et le pria; et il fut traité de lui, et entendit sa supplication, et le ramena à Jérusalem dans son royaume. Alors Manassé a su que l'Éternel était Dieu »(2 Chroniques 33:13).

Cher ami, ne manquez pas l'appel au réveil, Dieu essaie peut-être de vous aider à traverser cette tragédie. Rappelez-vous, c'est un bon Dieu!

J'ai écrit une phrase sur mon tableau blanc pour que mes conseillers puissent voir quand ils entrent. Elle dit: "Dieu veut te guérir!" Ce n'est pas une question de savoir s'il veut ou non guérir, mais c'est, a toujours été, et sera toujours sa volonté de tendre la main et de guérir. Jésus n'a refusé de guérir personne qui venait à lui pour guérir pendant qu'il marchait sur cette terre, et il ne le fait toujours pas. Rappelez-vous, c'est un bon Dieu. Si vous êtes en deuil depuis longtemps, le Saint-Esprit de Dieu est prêt à vous guérir aujourd'hui de cette douleur anormale qui fait mourir en vous. Veuillez ne pas le refuser. Votre seul travail en ce moment est de lui céder et de croire à la vérité présentée. Ne laissez pas la peur, l'orgueil ou un enseignement médiocre vous empêcher de vous abandonner à Dieu. Dieu veut faire quelque chose dans votre vie à travers cette terrible tragédie. Ne laissez plus le diable vous éplucher comme un oignon. Reprenez ce diable qui voudrait vous regarder lentement souffrir. Repentez-vous de tout péché. Remerciez Dieu pour cette tragédie. Admettez que votre bien-aimé ne vivait pas bien et ne vivait pas une vie agréable à Dieu au moment de sa mort. Refusez de blâmer Dieu et regardez-le faire le miraculeux de votre vie!

Quand tu traverseras les eaux, je serai avec toi;
et à travers les fleuves, ils ne te déborderont pas.
- Ésaïe 43: 2

Mon ami, on vous a peut-être dit que votre bien-aimé n'est pas allé en enfer. Peut-être avez-vous espéré de tout votre cœur qu'ils sont allés au ciel mais avez encore des doutes. Si c'est vous, aujourd'hui vous pouvez aussi vous libérer de la lutte. Même si la vérité fait mal, Jésus a dit: "Et vous connaîtrez la vérité, et la vérité vous affranchira" (Jean 8:32).

Alors, où allez-vous ici ?

Un message de ta mère pour toi

Il y avait un missionnaire qui est allé dans un pays étranger pour partager la bonne nouvelle de Jésus-Christ. Pendant son séjour, il a rencontré une jeune femme qui était terriblement attristée par la mort de sa mère. Sa mère était morte sans Christ. Au début, le missionnaire ne savait pas quoi dire à cette fille endeuillée, mais ensuite il s'est souvenu du passage suivant des Écritures et lui a dit: «J'ai un message de ta mère pour toi.» Tout à coup, il avait l'attention de la jeune femme. Il lui a lu l'histoire suivante:

> Il y avait un certain homme riche, qui était vêtu de pourpre et de lin fin, et s'en sortait somptueusement tous les jours: Et il y avait un certain mendiant nommé Lazare, qui était étendu à sa porte, plein de plaies, et désirant être nourri avec les miettes qui tombait de la table du riche: d'ailleurs les chiens venaient lécher ses plaies. Et il arriva que le mendiant mourut et fut emporté par les anges dans le sein d'Abraham: le riche mourut aussi et fut enterré; Et en enfer, il leva les yeux, tourmenté, et vit Abraham au loin, et Lazare dans son sein.
>
> Et il cria et dit: Père Abraham, aie pitié de moi, et envoie Lazare, afin qu'il trempe le bout de son doigt dans l'eau et refroidisse ma langue; car je suis tourmenté dans cette flamme.

Mais Abraham dit: Fils, souviens-toi que de ton vivant tu as reçu tes bonnes choses, et de même les mauvaises choses de Lazare; mais maintenant il est consolé, et tu es tourmenté. Et à côté de tout cela, entre nous et vous il y a un grand golfe fixé: afin que ceux qui passeraient d'ici à vous ne puissent pas; ils ne peuvent pas non plus nous passer, cela *viendrait* de là.

Alors il dit: Père, je te prie donc, de l'envoyer chez mon père: car j'ai cinq frères; afin qu'il leur rende témoignage, de peur qu'ils ne viennent aussi dans ce lieu de tourment.

Abraham lui dit: Ils ont Moïse et les prophètes; laissez-les les entendre.

Et il dit: Non, père Abraham: mais si quelqu'un est allé vers eux d'entre les morts, ils se repentiront.

Et il lui dit: S'ils n'écoutent pas Moïse et les prophètes, ils ne seront pas non plus convaincus, même si l'un d'entre eux est ressuscité des morts (Luc 16: 19-31).

Cher ami, si vous pouviez entendre un message de votre proche décédé par suicide, ce serait un appel à l'action. Écoutez ce que George Müller (un évangéliste qui avait si peu confiance en Dieu pour envoyer de l'argent pour soutenir son orphelinat en Angleterre) a fait après avoir appris la mort de son frère. Il a écrit,

> La paix de Dieu qui dépasse toute compréhension maintenant remplissait ma vie. J'ai écrit à mon père et à mon frère, les encourageant à chercher le Seigneur et leur disant à quel point j'étais heureux. Je croyais que s'ils voyaient le chemin du bonheur, ils l'embrasseraient volontiers. À ma grande surprise, ils ont répondu par une lettre de colère ... [Des années plus tard] 22 décembre - Un jour solennel. J'ai appris que mon frère est décédé le 7 octobre ... " *Le juge de toute la terre ne fera-t-il pas bien?"* (Genèse 18:25). Cela doit être le réconfort pour le croyant à un tel moment, et c'est mon réconfort maintenant. Je sais que le Seigneur est glorifié en mon frère, quelle que soit sa fin. Que le Seigneur fasse de cette soirée une bénédiction durable pour moi, surtout en me conduisant à une prière sincère pour mon père! [8]

Peut-être avez-vous encore des membres de votre famille dans votre propre maison qui ne vivent pas pour Jésus. Peut-être avez-vous des collègues ou même des gens dans votre église qui ne vivent pas dans l'obéissance à la Parole. Quoi qu'il en soit, il est temps de passer à l'action. C'est peut-être toi. Peut-être vous êtes-vous éloigné du vrai évangile de la Bible. Sur la base du témoignage de l'homme riche ci-dessus, il voulait épargner à ses frères de venir avec lui en enfer. De même, votre proche aimerait vous épargner de ce qu'il vit. Ils implorent que vous ayez bon cœur avec Dieu et témoigniez du véritable Évangile de Jésus-Christ afin que vous et les autres ne finissiez pas où ils sont. Ceci est votre appel à l'action. Votre chagrin peut être transformé en bénédiction pour le royaume de Dieu. Lisez ce verset et reconnaissez son but dans votre vie: «Qui nous réconforte dans toutes nos tribulations, afin que nous puissions réconforter ceux qui sont en difficulté, par le réconfort avec lequel nous-mêmes sommes réconfortés par Dieu» (2 Corinthiens 1: 4).

Chapitre 5

Pourquoi les gens se suicident-ils?

*L'homme ne vivra pas seulement de pain,
mais par chaque parole qui sort de la bouche de Dieu.*
- Jésus
(Matthieu 4: 4)

Un problème cardiaque

Sur la base des cas bibliques du chapitre un, les raisons du suicide varient:

1. Ils ressentaient une culpabilité intense pour leurs péchés comme on le voit avec Judas.

2. Ils ont été rejetés comme nous l'avons observé avec Ahithophel.

3. Ils avaient peur comme c'est le cas avec Saul, le porteur de l'armure de Saul et Zimri.

Une culpabilité intense pour les péchés peut conduire à la dépression, et cette dépression peut inviter toutes sortes d'invités indésirables. Une mère chrétienne a noté que son fils avait reçu un diagnostic de dépression clinique quand il était jeune. Lorsque l'enfant est devenu un jeune adulte, il était dans un pire état de dépression et s'est suicidé. Se pourrait-il que cet enfant n'ait jamais vraiment appris à se repentir de ses péchés? J'ai rencontré récemment un homme qui m'a dit qu'il allait se suicider parce que sa femme voulait divorcer, mais il ne voulait pas divorcer. Cet homme s'est senti rejeté. Vous voyez, la raison ultime pour laquelle les gens se suicident, qu'ils souffrent de culpabilité, de rejet ou de peur, a à voir avec leur cœur et non avec leur tête. Car du cœur sortent les problèmes de la vie (Proverbes 4:23). Jésus a dit: « Car du cœur sortent les mauvaises pensées, les meurtres, les adultères, les fornications, les vols, les faux témoignages, les blasphèmes: ce sont les choses qui souillent l'homme: mais manger avec les mains non lavées ne souille personne» (Matthieu 15: 19-20). Les personnes qui se sont suicidées ont eu un problème cardiaque. Leur cœur était en hémorragie et elles en avaient besoin d'un nouveau. Jésus a dit à Nicodème: "Si un homme ne naît d'eau et d'Esprit, il ne peut pas entrer dans le royaume de Dieu "(Jean 3: 5).

Certains d'entre vous connaissent peut-être le Dr Mark Rutland, ancien président du Southeastern Bible College (aujourd'hui Southeastern University). Il a témoigné qu'au moment où il avait 28 ans, il était tellement déprimé qu'il se buvait pour dormir trois nuits par semaine. Il dit,

Dimanche après dimanche, je me levais de ce fauteuil jusqu'à la chaire en me disant à chaque étape - aujourd'hui, je vais leur dire. Aujourd'hui, je vais arrêter. Aujourd'hui, je vais retirer cette robe et leur dire que je ne peux pas continuer avec ça. Je ne peux pas jouer à ce jeu. Je ne peux plus faire ça. Dimanche après dimanche, puis je me levais et je disais: "Veuillez vous lever et prendre vos livres de cantiques et vous rendre au numéro 310." ... Une profonde dépression morbide s'installe, une obsession absolue du suicide. J'y penserais. Je le planifierais. J'écrivais des notes de suicide pour voir comment c'était. J'étais obsédé par ça ... J'ai chargé un aigle à dessert 357 Magnum et l'ai mis sous ma veste et je suis allé dans la pinède ... et j'ai mis un aigle à dessert 357 Magnum dans ma gorge jusqu'à ce que je bâillonne le canon et ai tiré déclencheur, et je n'ai pas pu faire exploser l'arme de poing. J'ai ressenti un sentiment de désespoir. "Je ne peux même pas faire ça." [1]

Le témoignage étonnant de délivrance du pasteur Rutland sera partagé dans le chapitre 6, mais pour l'instant, ce témoignage illustre le point assez clairement. Le péché non confessé conduit à la dépression.

Problème de foi

Une autre raison dans les exemples bibliques pour laquelle les gens se sont suicidés est qu'ils manquaient de foi. Cela va de pair avec le problème cardiaque plus tôt. Le suicidaire n'avait aucune foi pour croire que Dieu pouvait les aider à sortir de leurs problèmes. En conséquence, ils ont pris les choses en main au lieu de faire confiance au Tout-Puissant. Ils sont devenus leur propre dieu et ont emporté ce qu'ils ne pouvaient pas donner: la vie. L'écrivain des Hébreux nous dit: "Mais sans foi, il est impossible de lui plaire: car celui qui vient à Dieu doit croire qu'il est, et qu'il est un rétributeur de ceux qui le recherchent avec diligence" (11: 6), pourtant ces gens ne croyaient pas. Jésus nous a dit: "En vérité, je vous le dis, si vous avez la foi comme un grain de moutarde, vous direz à cette montagne: Retirez-vous d'ici là, et elle s'enlèvera; et rien ne sera impossible pour vous "(Matthieu 17:20). Si le suicidaire avait vraiment cru, il ou elle aurait traversé les épreuves auxquelles il était confronté.

Tourmenté par le diable

Il est important de souligner que les personnes qui se suicident ont de l'aide . Nous voyons cela dans le récit de l'homme vivant dans les tombes:

> qui avait des démons depuis longtemps, et ne portait pas de vêtements, ni demeurait dans *aucune* maison, mais dans les tombes. Quand il a vu Jésus, il a crié et est

tombé devant lui, et d'une voix forte a dit: Qu'est-ce que j'ai à faire avec toi, Jésus, *toi le* Fils de Dieu le plus élevé? Je t'en supplie, ne me tourmente pas. (Car il avait ordonné à l'esprit impur de sortir de l'homme. Souvent, il l'avait attrapé; et il était maintenu attaché avec des chaînes et des chaînes; et il a brisé les bandes, et a été chassé du diable dans le désert.) Et Jésus lui a demandé, en disant: Quel est ton nom? Et il a dit: Légion: parce que beaucoup de démons étaient entrés en lui (Luc 8: 27-30).

Les gens qui tentent délibérément de se blesser ou de se suicider sont tourmentés par des démons. Le diable utilise leurs problèmes contre eux dans l'espoir de les amener à la ruine complète et à la séparation d'avec Dieu. Récemment, j'ai lu plusieurs jeunes femmes qui ont plongé dans la mort au cours des célèbres chutes de Kaieteur de 741 pieds en Guyane, en Amérique du Sud. Parmi l'une des femmes, ses amis ont rapporté que des forces surnaturelles étaient responsables de sa mort. Ils ont dit: «Il y a quelque chose aux chutes qui appelle ces gens et c'est pourquoi ils sautent.» 2 Les amis de cette fille avaient raison.

Que vous le croyiez ou non, il y a chaque jour des démons qui chuchotent des mots de mort dans les oreilles des gens. Dans son allégorie de la vie du chrétien, John Bunyan a capturé cette image pour nous:

Une chose que je ne laisserais pas échapper; J'ai remarqué que maintenant le pauvre chrétien était tellement confus, qu'il ne connaissait pas sa propre voix; et ainsi je l'ai perçu; Juste au moment où il s'est approché de la bouche de la fosse en feu, l'un des méchants s'est approché de lui et s'est approché doucement de lui, et lui a suggéré à voix basse de nombreux blasphèmes graves, qui, selon lui, venaient de son esprit. ..mais il n'avait pas la discrétion ni de fermer ses oreilles, ni de savoir d'où venaient ces blasphèmes. [3]

Le diable pousse le suicidaire à faire des choses qui finiront par leur tuer. Jésus nous a dit à juste titre qu'il le ferait. Il a dit: «Le voleur ne vient pas, mais pour voler, tuer et détruire» (Jean 10:10). Nous l'avons vu avec une description vivante avec l'homme qui se faisait appeler Légion (voir Marc 5). L'homme a été encouragé par le diable à couper sa propre chair et à mutiler son propre corps. «Le diable ne peut pas nous forcer à pécher. Mais il peut nous présenter des opportunités de péché et ensuite ajouter ses pensées aux nôtres pour que le péché nous soit attrayant. » [4] En parlant des tentations du Christ, Matthew Henry écrit: « Le diable persuaderait le Christ de se jeter, espérant qu'il serait son propre meurtrier.» [5] Cette solution proposée pour résoudre son problème est une tromperie que le diable emploie toujours.

On leur dit des mensonges

Je ne peux pas croire que cela se produise de mon vivant. Ma fille qui était à l'école biblique. L'un des professeurs s'est levé et a dit aux élèves: "Une fois que vous êtes chrétien, vous êtes libre de faire tout ce que vous voulez. Vous pouvez faire tout ce que vous voulez. Vous êtes libre de pécher. Vous êtes libre de sauter au lit avec votre Vous êtes libre de boire. Vous êtes libre de faire tout ce que vous voulez parce que le sang recouvre tout.

—Pasteur Steve Hill [6]

"Il donnera à ses anges la charge de toi; et ils te porteront entre *leurs* mains, de peur qu'à tout moment tu ne heurtes ton pied contre une pierre", dit le diable. Plus tôt, j'ai dit que le diable n'aurait pas pu trouver une meilleure déclaration à citer. Chose intéressante, il y en a beaucoup aujourd'hui qui parlent des mêmes idées à leurs congrégations et à leurs étudiants. Ils leur disent qu'il est normal de pécher. Allez-y et péchez parce que Dieu ne laissera rien de mal vous arriver.

Mensonge # 1 - Dieu est trop bon pour envoyer quelqu'un en enfer

Je veux partager un peu plus l'histoire de Glenda Revell (mentionnée au chapitre 1). Glenda, si vous vous en souvenez, a été maltraitée par son père lorsqu'elle était enfant et négligée par sa mère alcoolique. Dans une forte dépression, elle était sur le point de se suicider jusqu'à ce qu'elle tombe sur un petit tract évangélique. Dieu a utilisé ce tract pour lui sauver la vie. Après que Glenda ait trouvé le Christ, elle était ravie de partager sa nouvelle foi retrouvée avec sa famille d'église dans la petite église qu'elle fréquentait lorsqu'elle était enfant. Glenda a été rencontré, cependant,

> avec des visages vierges et des expressions perplexes. Je leur ai dit un par un et en petits groupes que j'avais demandé à Jésus de pardonner mes péchés et qu'il m'avait changé et avait fait de moi une nouvelle personne. Ce sont là des réponses:
>
> "Oui mon cher. Nous devrions lui demander de nous pardonner tous les jours. »
>
> "Oh, Glenda, tu as toujours été la petite chose la plus religieuse."
>
> "Vous feriez mieux de faire attention - vous deviendrez un fanatique!"
>
> Pendant des semaines, j'ai essayé d'expliquer le salut aux gens de l'église. Un dimanche, j'ai apporté le tract de l'Évangile qui m'avait révélé la vérité. «Lisez ceci», leur ai-je dit. "Cela vous expliquera tout."

«Glenda, tu n'es pas induit en erreur par ce genre de choses, n'est-ce pas? Nous ne croyons pas de cette façon dans notre église. Dieu ne t'enverrait pas en enfer. Il est aimant et gentil. Nous faisons tous du mieux que nous pouvons, et Il le comprend. Quel genre de Dieu enverrait quelqu'un en enfer? "

Un Dieu pur et saint, pensais-je, ou pourquoi Jésus devait-il mourir? 7

Mensonge # 2 - Vous pouvez toujours aller au paradis si vous vous suicidez

Malheureusement, beaucoup de gens croient aux mensonges de Satan. Si vous vous souvenez, le diable a menti à Eve dans le jardin d'Eden. Il lui a dit que si elle mangeait de l'arbre de la connaissance du bien et du mal, elle «ne mourrait certainement pas» (Genèse 3: 4). C'était exactement le contraire de ce que Dieu avait dit. C'était un mensonge similaire que Satan utilisait pour tenter Jésus quand il l'encourageait à se suicider. Satan a dit au Christ: « Car il est écrit qu'il donnera à ses anges la charge de te garder, et qu'ils te porteront entre leurs mains, de peur qu'à tout moment tu ne heurtes ton pied contre une pierre» (Luc 4: 9). -11). Le diable disait: "Regardez, vous pouvez vous jeter hors de ce Temple, mais vous allez toujours être en sécurité." Malheureusement, c'est le même mensonge mortel que le diable parle aux gens. Malheureusement, il utilise le porte-parole de nombreuses églises pour propager ce mensonge .

Il y a plusieurs années, mon mari et moi avons visité une église voisine. Après le service, le pasteur a dit à mon mari: "Si vous sortez un pistolet et me tirez dans la tête, descendez la route et vous tirez dans la tête, nous irons tous les deux au paradis même si vous ne vous repentez jamais." Est-ce que cette alarme que vous aimez me fait peur? Lisons-nous la même Bible? Ma Bible dit qu '«aucun meurtrier n'a la vie éternelle demeurant en lui» (1 Jean 3:15).

Un autre exemple saisissant est celui de la célèbre Grace Community Church, dirigée par John MacArthur. Un jeune homme nommé Kenneth a fréquenté l'église du pasteur MacArthur et a en fait vécu quelques jours avec le pasteur. Là, on lui a appris que s'il se suicidait, il pouvait toujours aller au paradis. Peu de temps après, Kenneth s'est tiré une balle dans la tête et a laissé un morceau de papier avec des versets écrits dessus. [8] Kenneth croyait ce qu'on lui enseignait.

Beaucoup ont cru ce mensonge du diable. Le fils de Rick Warren, Matthew, mentionné plus tôt, croyait également ce mensonge. Dans sa lutte contre la dépression, il a dit: « Papa, je sais que je vais au paradis. Pourquoi ne puis-je pas simplement mourir et mettre fin à cette douleur? " [9] Nulle part dans la Bible, cependant, sommes - nous encouragés ou même permis la possibilité de suicide pour mettre fin à notre misère. Au lieu de cela, nous sommes toujours encouragés à rechercher la vie pour nous-mêmes et pour les autres. Un bon exemple est celui du geôlier philippin. Lorsque l'apôtre Paul a ordonné à un esprit de divination de sortir d'une fille, il a été jeté en prison. Dieu, cependant, a miraculeusement envoyé un tremblement de terre dans la prison, et les portes de chaque criminel ont été ouvertes et des bandes se sont détachées. Le gardien de la prison pensait qu'il allait perdre la vie. La Bible rapporte: « Et le gardien de la prison s'éveillant de son sommeil et voyant les portes de la prison s'ouvrir, il sortit son épée et se serait suicidé, en supposant que les prisonniers avaient été enfuis. Mais Paul a crié d'une voix forte en disant: Ne te fais pas de mal, car nous sommes tous ici »(Actes 16:27, 28). Nous voyons ici que l'apôtre Paul était fortement opposé au suicide.

Mensonge # 3 - Le monde est mieux sans vous

C'est un autre mensonge que le diable utilise souvent contre les gens. Il fera sentir aux gens qu'ils sont un cas désespéré, et le monde serait mieux s'ils étaient morts. Nous avons vu ce mensonge à l'œuvre dans l'histoire de Rose (chapitre 1). Elle a dit: «J'ai finalement atteint un point où je voulais juste mettre fin à tout cela. Je sentais que ma famille, mon monde et même Dieu iraient mieux sans moi! » Est-ce que le monde ou Dieu serait mieux sans Rose, ou Rose entendait-elle la mauvaise voix? Maintes et maintes fois le diable vient à une personne avec des mots menteurs comme ceux-ci. Il dit des choses comme,

"Vous avez vraiment gâché votre vie."

"Vous êtes un embarras pour vos parents."

"Personne ne t'aime vraiment."

"C'est la seule issue pour vous."

«Vous ne pouvez jamais aller au paradis. Tu as été trop mauvais. Même Dieu ne vous veut pas. "

"Personne ne veut de toi."

"Vous feriez mieux de mourir."

Ses mensonges continuent. Il aggrave les gens avec la culpabilité de leurs péchés ou en projetant une fausse culpabilité. Il les incite à mettre fin à leur propre vie.

J'ai entendu parler d'une petite fille dont les parents ont divorcé. Elle a cru à tort qu'elle était la raison pour laquelle ils se sont séparés, alors elle s'est pendue dans son placard. Les gens, le diable est réel, et il ne fait pas acception de personnes. Jeune ou vieux, son objectif est de nous faire sortir.

Les personnes qui se suicident sont dans une situation de crise avec le diable qui sonne bruyamment dans leurs oreilles. En conséquence, ils arrivent souvent à la mauvaise conclusion. Ils pensent que le suicide est le moyen de résoudre leurs problèmes.

Pourquoi les gens se suicident-ils?

Chapitre 6

Comment aider le suicidaire

De nombreuses âmes envisagent chaque jour le suicide. Comment pouvez-vous et moi aider à les éloigner de la destruction?

Un pasteur rempli d'esprit ou un conseiller chrétien basé sur la Bible

Pour beaucoup, diriger le suicide vers un psychiatre ou un psychologue est la réponse. Prendre le suicide, cependant, pour le moindre des chrétiens de l'église est mieux que de le porter à une personne qui n'opère pas uniquement sur la Bible (1 Corinthiens 6: 4). Le psalmiste écrit: « Heureux l'homme qui ne marche pas selon les conseils des impies, ni qui se tient dans la voie des pécheurs, ni qui est assis au siège des méprisants. Mais son plaisir est dans la loi de l'Éternel; et dans sa loi il médite jour et nuit »(Psaume 1: 1-2). Nous devons toujours chercher à diriger le suicide vers Jésus, et cela se fera toujours par un vrai croyant. Il a été noté qu'il existe plus de 150 modes de fonctionnement du monde psychiatrique, et ils sont tous en désaccord sur la manière de traiter une affaire. En tant que chrétiens, nous pouvons être certains que si nous montrons le suicide au Seigneur Jésus-Christ, il a et est la bonne réponse pour eux! T AKE le suicide à un pasteur rempli de l' Esprit ou la Bible à base de conseiller chrétien.

Un s que nous avons malheureusement vu, tous les pasteurs ou conseiller chrétien enseignera la personne qu'il est faux de se suicider. C'est vraiment regrettable. Faites d'abord quelques recherches. Emmenez la personne suicidaire chez un pasteur ou un conseiller rempli de l'Esprit - une personne qui est formée à la Parole de Dieu et qui est capable de lui enseigner la vérité. N'ayez pas peur de poser des questions spécifiques avant de partir. Ce doit être un pasteur ou un conseiller chrétien qui croit:

- ✓ pour chasser les esprits démoniaques et les forteresses

- ✓ dans la puissance de Dieu pour guérir pour aujourd'hui

- ✓ en miracles

- ✓ en prêchant sur le péché et l'enfer

Vous pouvez savoir ce qu'une église croit en regardant sa déclaration de foi ou sa déclaration de croyances. En annexe, vous trouverez un exemple que vous pouvez utiliser comme guide. Un simple appel téléphonique, cependant, à plusieurs églises ou ministères de conseil chrétiens répondra à ces questions. Si l'église ou le pasteur croit qu'une personne ne peut jamais perdre son salut et / ou qu'elle peut aller au paradis par suicide, alors ce n'est pas l'église ou le pasteur de référer votre bien-aimé pour obtenir de l'aide. Ne soyez pas négligent dans votre référence. Cela pourrait signifier la vie et la mort.

Les ministres qui croient en la puissance de Dieu pour libérer les gens voient des délivrances puissantes dans la vie des gens qui sont suicidaires. À titre d'exemple, le Dr Mark Rutland, mentionné plus tôt, a déclaré que, avec 150 autres prédicateurs méthodistes, il avait été contraint d'assister à une conférence sur le travail, la personne et le ministère du Saint-Esprit dirigée par le Dr Ralph Wilkerson. Le Dr Rutland a déclaré: « Il a frappé cette pièce remplie de prédicateurs méthodistes morts comme une bombe à hydrogène. Dieu a déménagé dans cette pièce cette nuit-là avec une telle puissance. J'ai vu des signes, des prodiges et des miracles, la manifestation des dons - tout ce contre quoi j'avais prêché pendant sept ans. » Le Dr Wilkerson a alors demandé au pasteur Rutland: "Avez-vous reçu le Saint-Esprit depuis que vous avez cru?" Voici comment ça s'est passé:

> et je veux dire comme pow! C'est comme si
> Dieu me frappait à l'arrière de la tête avec une

brique, me frappait directement au sol ... J'étais tellement parti, je pensais que Dieu me montrait les raisons pour lesquelles il allait me tuer. Cela m'a tellement terrifié que j'ai commencé à pleurer, à pleurer et à crier «Ne me tue pas! Ne me tue pas! "

Et tout le monde est parti de moi, mais Ralph Wilkerson s'est mis à terre et m'a ramassé et m'a chuchoté à l'oreille: "Frère Pasteur, je t'aime."

J'ai dit: "Mec, si tu me connaissais, tu ne m'aimerais pas."

Il a dit: "Ne voulez-vous pas recevoir le baptême du Saint-Esprit?"

J'ai ouvert la bouche pour dire *non! Pas mille fois. Je ne crois pas en une seconde œuvre de grâce. Je ne crois pas à la sanctification. Je ne crois pas aux langues. Je ne crois en aucune de ces choses, tout est mort avec le dernier apôtre. Je suis dispensationaliste et je n'y crois pas!* Et puis j'ai entendu ma propre bouche dire: «Oui! Je vous en prie, priez-vous avec moi. Je ne pouvais pas le croire, mais quand je l'ai entendu, j'ai su que pour une fois mon esprit et non mon intellect avait crié. Et j'ai dit: "Oui, monsieur, je ne sais pas quoi faire."

Il a dit: «Prie avec moi», a posé sa main sur ma tête et a prié. Et à 4 heures de l'après-midi, le 5 décembre 1975, un prédicateur triste, vaincu, découragé, suicidairement déprimé et profondément diabolisé a connu une merveilleuse poussée de la présence et de la puissance de Dieu qui m'a absolument coupé le souffle. J'ai commencé à pleurer. J'ai commencé à rire et à parler en langues ... Le baptême du Saint-Esprit est pour que les chrétiens puissent vivre avec joie, paix et puissance, pas seulement l'onction pour le ministère. [1]

Chasser le diable

Joséphine est entrée dans mon bureau. Elle a dit: «Je lutte contre la peur et j'entends des voix dans d'autres pièces. Je prends des médicaments par peur qui me fait me sentir sous sédation. Que dois-je faire avec ça? "

J'ai demandé si elle avait récemment fait vérifier son audition par un médecin. Elle a dit: "Oui, et mon audition va bien." J'ai eu son tour vers 2 Timothée 1: 7. Elle a lu: « Car Dieu ne nous a pas donné l'esprit de peur; mais de puissance, d'amour et d'esprit sain. »

Je lui ai alors demandé: "Qu'est-ce que la peur?"

Elle a dit: "un esprit".

J'ai dit: "Comment arranger un esprit avec de la drogue?"

Les personnes qui envisagent de se suicider doivent être aidées en chassant le diable. Comme indiqué précédemment, les personnes qui entretiennent des pensées suicidaires luttent avec des esprits démoniaques, et ces esprits prononcent des paroles de mort dans leurs oreilles. Si possible, imposez vos mains à la personne et priez pour lier ce diable et le chasser au nom de Jésus. Si vous êtes chrétien, souvenez-vous que Jésus vous a donné le pouvoir de chasser les démons (Marc 3:15). Voici les mots que Jésus a effectivement utilisés dans un cas: « Sortez de l'homme, esprit impur» (Marc 5: 8). Nous devons reconnaître qu'une personne suicidaire se débat avec des esprits démoniaques qui les incitent à se suicider.

Lorsque Jésus a été confronté à un enfant aliéné, il n'a pas diagnostiqué la situation comme un problème mental. Jésus a attribué le problème de cet enfant à un problème spirituel. Le père du garçon savait également qu'il y avait un esprit qui tentait de tuer le garçon: "Il [l'esprit] l'a jeté dans le feu et dans les eaux pour le détruire" (Marc 9:22). L'histoire selon Matthieu 17: 14-18 se lit comme suit:

> Et quand ils furent venus à la multitude, un homme vint à lui, s'agenouillant près de lui, et disant:

> Seigneur, aie pitié de mon fils, car il est lunatique et vexé, car il tombe souvent dans le feu et souvent dans l'eau.

Et je l'ai amené à tes disciples, et ils n'ont pas pu le guérir.

Alors Jésus répondit et dit: O génération infidèle et perverse, combien de temps serai-je avec vous? combien de temps vais-je te souffrir? amenez-le-moi ici.

Et Jésus a réprimandé le diable; et il partit de lui; et l'enfant fut guéri dès cette heure même.

Lorsque nous sommes confrontés à une personne qui cherche à se faire du mal, comme l'était cet enfant, vous devez vous arrêter pour reconnaître qu'il est attaqué par le diable. Rappelez-vous, Jésus est venu pour sauver des vies. Il désire que nous prospérions et soyons en bonne santé (3 Jean 2) plutôt que de nous jeter par-dessus bord dans la rivière ou de tomber dans le feu. Soyez prêt à chasser le diable du suicide.

Reconnaître leur péché

Selon le consciller chrétien Jay E. Adams:

Dans les cas suicidaires, lorsqu'un client a une si mauvaise opinion de lui-même qu'il pense que le monde serait mieux sans lui, il lui fait seulement du mal de nier que son estimation basse est valide. Les conseillers devraient reconnaître qu'il a probablement raison au sujet de l'inutilité actuelle de sa vie et devraient essayer de découvrir à quel point il a été mauvais. Cependant, ils devraient s'opposer à sa solution proposée, et plutôt le diriger vers la solution de Dieu par le repentir et la vie sainte. [2]

Je suis d'accord avec le Dr Adams. Dire à une personne suicidaire qu'elle n'est «pas si mauvaise» ou dire: «Ne dites pas cela de vous-même» n'est pas une bonne pratique. [3] Je me souviens d'un jeune homme qui a avoué à son pasteur à quel point il se sentait mal de tromper sa femme. Au lieu de le consoler, le pasteur a dit: "C'est bien que vous vous sentiez mal." Je me souviens aussi de l'histoire de Jésus de deux hommes qui sont allés prier:

> L'un est pharisien et l'autre publicain. Le pharisien s'est levé et a prié ainsi avec lui-même, Dieu, je te remercie, que je ne suis pas comme les autres hommes, extorqueurs, injustes, adultères, ou même comme ce publicain. Je jeûne deux fois par semaine, je donne la dîme de tout ce que je possède.
>
> Et le publicain, éloigné, ne levait pas autant que ses yeux vers le ciel, mais frappait sa poitrine en disant: Dieu soit miséricordieux envers moi, pécheur.

Je vous le dis, cet homme est descendu dans sa maison justifié plutôt que l'autre: car quiconque s'exaltera sera abaissé; et celui qui s'humiliera sera exalté (Luc 18: 10-14).

Nous devons permettre au suicidaire d'exprimer son péché, comme l'a mentionné ce publicain Jésus.

Confrontez-les à leurs péchés

N'ayez pas peur de faire face à un cas suicidaire. Affrontez-les avec leurs péchés. Les gens qui commettent des péchés aiment vivre dans l'obscurité. Au lieu de cela, enseignez-leur le principe de Jacques 5:16: "Confessez vos fautes les uns aux autres, et priez les uns pour les autres, afin que vous soyez guéris." N'oubliez pas que la vérité vous aidera à les libérer. S'ils viennent à vous en vous sentant laids pour les crimes qu'ils ont commis contre Dieu et / ou contre les gens, travaillez avec eux en leur apprenant à se repentir. Les personnes qui envisagent de se suicider pourraient être impliquées dans tout type de péché possible. Souvent, les péchés comme le mensonge, le vol, l'apitoiement sur soi, la paresse, la colère, la fierté, etc. Ces péchés s'additionnent et deviennent aggravés dans leur esprit et leur esprit, les faisant se sentir déprimés et dépassés. Apprendre à la personne à se repentir est essentiel à sa guérison. Assurez-vous de souligner que ce genre de repentance n'est pas du genre à dire une petite prière mais nécessite d'abandonner les péchés.

Donner espoir

Il n'y a pas de tentation qui vous ait été prise, mais ce qui est commun à l'homme: mais Dieu est fidèle, qui ne vous laissera pas tenter au-dessus de ce que vous pouvez; mais avec la tentation, vous ferez aussi un moyen de vous échapper, afin que vous puissiez le supporter.
- 1 Corinthiens 10:13

Le suicide est en effet une tentation pour beaucoup, mais la Bible dit qu'ils peuvent échapper à cette tentation parce que Dieu fait toujours un moyen de s'échapper. Le suicide est le moyen par lequel le diable échappe aux problèmes. Ce n'est pas l'évasion de Dieu.

Les personnes suicidaires ont besoin d'espoir. Aux États-Unis, on estime que «en moyenne, il y a 123 suicides par jour». [4] C'est 44 895 personnes qui plongent chaque année en enfer. Sans parler de tous les autres pays du monde. Aux États-Unis, le gouvernement recherche de l'aide dans le cadre d'un «effort concerté de l'administration des services de toxicomanie et de santé mentale, des centres de contrôle et de prévention des maladies, des instituts nationaux de la santé, de l'administration des ressources et des services de santé et du service de santé indien». [5] Mais mes amis, il n'y a qu'une seule façon de sauver des personnes suicidaires, c'est par le salut en Jésus-Christ. Écoutez l'histoire du Dr Dhinakaran en Inde:

Bro. DGS Dhinakaran était un jeune homme déprimé et incapable de supporter l'angoisse de la pauvreté, de la maladie, du chômage et des échecs de la vie, il a tenté de mettre fin à toutes les misères de sa vie. Il s'est dirigé vers la voie ferrée pour se suicider. En chemin, il a rencontré son oncle qui a partagé Jésus-Christ avec lui. Ces mots servaient de baume à son cœur meurtri. Son oncle lui a dit de rentrer chez lui et de confier ses voies au Seigneur. Il a prié et consacré sa vie au Sauveur et est rentré chez lui avec un nouvel espoir. 6

Vous voyez, si nous disons au suicidaire qu'il a une maladie mentale ou une maladie mentale et reléguons leur problème à une maladie, alors le suicidaire n'a aucun espoir car il n'y a pas de remède pour la maladie mentale. Si le suicidaire, cependant, reconnaît qu'il est un pécheur, alors vous pouvez instantanément offrir de l'espoir au suicidaire parce qu'il y a un remède contre le péché, Jésus-Christ, la résurrection et la vie! Nous devons donner Jésus au suicidaire. Il est le remède!

Priez et jeûnez

Si vous ne réussissez pas avec la personne, passez du temps à prier et à jeûner. Priez pour eux que Dieu leur donne la foi pour croire. Avant l'arrivée de Jésus, ses disciples n'avaient pas réussi à guérir le garçon démoniaque suicidaire mentionné précédemment. Plus tard, il a demandé à Jésus,

Pourquoi ne pourrions-nous pas le chasser?

Et Jésus leur dit: À cause de votre incrédulité, car en vérité, je vous le dis, si vous avez la foi comme un grain de moutarde, vous direz à cette montagne: Retirez-vous d'ici là-bas; et il enlèvera; et rien ne vous sera impossible.

Mais ce genre ne sort pas que par la prière et le jeûne (Matthieu 17: 19-21).

La prière met en mouvement les mains de Dieu pour travailler. Jusqu'où êtes-vous prêt à aller voir un être cher guéri d'une spirale descendante? Êtes-vous prêt à dépenser tout ce que vous avez? Êtes-vous prêt à conduire aussi loin que nécessaire pour obtenir de l'aide? Jusqu'où êtes-vous prêt à aller? Êtes-vous prêt à percer un trou dans le toit d'une maison? Lorsque les amis d'un homme paralytique n'ont pas pu s'approcher suffisamment de Jésus à cause de la foule qui l'a pressé, ils ont creusé un trou dans le toit et ont laissé tomber leur ami paralysé, lit et tout, vers Jésus. " Quand Jésus a vu _leur foi_, il a dit aux malades de la paralysie, Fils, que tes péchés te soient pardonnés" (Marc 2: 5; italiques ajoutés). Êtes-vous prêt à amener cette personne suicidaire à Jésus et à la congrégation du Seigneur? Peut-être que vous pouvez être comme ces quatre amis de l'homme paralysé.

Lorsque le pasteur Jim Cymbala a lu la note qui lui avait été transmise par un membre de l'église lors d'une réunion de prière du mardi soir en 1991, il savait qu'il était temps de parler à la congrégation de Brooklyn Tabernacle (BT) de sa fille aînée. Lui et sa femme, Carol - la multiple directrice de la chorale de BT, lauréate de plusieurs prix Dove et Grammy - avaient longtemps souffert de l'agonie des parents à cause des mauvais choix de leur enfant. La note déclarant «Ce soir est la nuit de Chrissy» les a conduits à une prière intense.

Al Toledo, 50 ans, l'amie de Chrissy à l'époque - et maintenant son mari de 24 ans - dit qu'il n'oubliera jamais cette soirée. Il s'est assis sur le balcon lorsque Cymbala a annoncé: «Notre fille Chrissy est vraiment loin de Dieu. Tout sur elle et ce qu'elle doit être est maintenant à l'envers. Nous avons fait tout notre possible - il n'y a qu'une seule réponse. Nous devons donc prier. » Les 1700 personnes rassemblées dans le bâtiment ont commencé à crier à Dieu.

Malgré avoir accepté Christ comme Sauveur comme une petite fille et avoir vu Dieu faire des miracles à BT, Chrissy Toldeo, maintenant âgée de 47 ans, dit qu'en tant que jeune adolescent, les médias laïques ont cultivé sa dépendance à la perfection. Des émissions de télévision telles que *Happy Days* et des films comme *Grease ont* également alimenté des idées fausses sur la romance. À la fin de son adolescence, la musique grand public des années 1980 a commencé à façonner ses opinions sur l'estime de soi.

Selon Toledo, ces facteurs combinés à d'autres distorsions l'ont amenée à une relation obsessionnelle avec un nouveau chrétien qui n'est pas encore ancré dans sa foi. «Il représentait tout ce que je ne savais pas sur le monde qui était en quelque sorte mystérieux pour moi», dit-elle.

Après qu'ils soient devenus intimes, Toledo dit que l'attachement émotionnel a conduit à des endroits de plus en plus sombres: renvoi de l'université; détruit la confiance et la séparation de ses parents; perte d'emplois. Pendant quelques jours, elle a même abandonné son bébé pour l'accueillir. Bien qu'elle n'ait aucun moyen de soutenir sa fille, Toledo s'est vite rendu compte qu'elle aimait beaucoup trop Susie pour la laisser partir définitivement.

La nuit de la réunion de prière de BT a été particulièrement oppressante, dit Toledo. Après que Lorna, une amie de la famille qui avait accueilli Tolède et sa fille, soit allée à la réunion, Tolède voulait juste dormir. Ignorant que des centaines de personnes criaient à Dieu en son nom, elle se mit au lit. Incapable de dormir, elle a vu une silhouette menaçante d'un noir absolu apparaître dans la pièce sombre et a dit qu'elle l'avait entendu réclamer sa vie et celle de la petite Susie. Alors que les membres de BT continuaient à travailler dans la prière, une entité semblable à un nuage rayonnant d'une lumière brillante est devenue visible et a vaincu la méchante, disparaissant avec elle, dit-elle. Sentant une paix inexplicable, Chrissy s'endormit.

Le lendemain matin, tout avait changé. En demandant à Lorna de prier avec elle, Tolède s'est repentie de ses péchés et a demandé l'aide de Dieu. Elle a couru au domicile de ses parents et a demandé leur pardon - en les présentant à leur petite-fille. [7]

Pouvez vous imaginer que toute votre église accepte en même temps que votre bien-aimé soit guéri comme ils l'ont fait avec la fille de ce pasteur. Amener les affligés devant l'église peut signifier la vie et la mort pour cette personne. «Quelqu'un parmi vous est-il affligé? laissez-le prier. Y a-t-il des malades parmi vous? qu'il appelle les anciens de l'église; et qu'ils prient sur lui, l'oignant d'huile au nom du Seigneur. Et la prière de la foi sauvera les malades, et le Seigneur le ressuscitera; et s'il a commis des péchés, ils lui seront pardonnés »(Jacques 5: 13-15).

Ami, amenez le suicidaire devant l'assemblée du Seigneur.

Enseignez-leur l'enfer et le jugement éternel

Enseignez-leur l'enfer et le jugement. Dites-leur que le suicide ne résoudra pas leur problème. Au lieu de cela, cela ne fera que leur causer un problème éternel, un problème qui ne disparaîtra jamais - l'enfer. Une ressource qui donne à réfléchir que vous pouvez mettre entre leurs mains est un livre de Bill Wiese intitulé *23 minutes en enfer.* Jésus nous a enseigné à plusieurs reprises l'enfer pour nous garder frais afin que nous ne prenions pas les choses pour acquises dans cette vie. Enseignez au suicidaire l'enfer et le jugement éternel.

Voici une courte liste de versets appropriés que vous pouvez utiliser pour enseigner l'enfer et le jugement éternel:

- Matthieu 5: 17-30

- Matthieu 25: 31-46

- Marc 9: 42-48

- Luc 16: 19-31

- 2 Thessaloniciens 1: 7-10

- Apocalypse 20: 11-15

Apprenez à parler de l'enfer de manière à convaincre l'auditeur que c'est une réalité présente qui les attend au moment de leur mort.

Position et pouvoir sur le péché

Nous entendons si souvent aujourd'hui, *nous sommes tous des pécheurs et nous péchons tous les jours.* Cet enseignement est un enseignement erroné qui sape le fondement de toute personne cherchant à servir Jésus. Cela met la personne en échec. Si la personne suicidaire prétend être chrétienne et qu'elle lutte toujours contre le péché et les pensées suicidaires, enseignez-lui qu'elle peut avoir le pouvoir sur le péché. Enseignez-leur que ce que tant de gens disent: *Nous sommes des pécheurs et nous péchons tous les jours* , est un enseignement erroné. Enseignez-leur que s'ils sont vraiment chrétiens, la Bible les appelle un saint et non un pécheur. Paul dit: «A ceux qui sont sanctifiés en Jésus-Christ, appelés à être saints» (1 Corinthiens 1: 2). Recherchez les 96 fois où le mot «saints» est mentionné dans la Bible. Le suicidaire doit être informé de sa juste position en Christ. S'il pense qu'il est pécheur, il fera des choses pécheresses parce qu'il n'a aucun espoir, mais s'il comprend correctement sa position dans le Christ, qui est celle d'un saint, il fera des choses saintes.

Les versets qui aideront à consolider cette position dans son esprit sont Genèse 4: 7, Romains 6:14 et 1 Jean 3: 9. Avant que la loi de Moïse ne soit jamais donnée, Dieu nous a dit que nous pouvons régner sur le péché. Il a dit à Caïn juste avant que Caïn ne tue son frère: «Si tu fais bien, ne seras-tu pas accepté? et si tu ne fais pas bien, le péché est à la porte. Et à toi sera son désir, <u>et tu domineras sur lui</u> »(Genèse 4: 7; italiques ajoutés). Il nous a également dit dans Romains 6: «Que le péché ne règne donc pas dans votre corps mortel, afin que vous y obéissiez par ses convoitises ... Car le <u>péché ne dominera pas sur vous</u> : car vous n'êtes pas sous la loi, mais sous la grâce »(Romains 6:14; italiques ajoutés). De plus, Romains 6: 1-2 dit: «Que dirons-nous alors? Allons-nous continuer dans le péché, afin que la grâce abonde? Dieu pardonne. Comment allons-nous, qui sommes morts au péché, y vivre plus longtemps? "Jean nous dit:" <u>Quiconque est né de Dieu ne commet pas de péché</u> ; car sa semence demeure en lui: et il ne peut pas pécher, parce qu'il est né de Dieu " (1 Jean 3: 9; italiques ajoutés).

Si la personne comprend clairement sa position en Christ et reconnaît qu'elle peut avoir le pouvoir sur le péché comme l'enseigne la Bible, alors la personne qui combat les pensées suicidaires aura de l'espoir. Il commencera à croire qu'il peut vaincre le péché, ce qui l'aidera à avoir le pouvoir dans l'Esprit.

La musique

Semblable à ce que j'ai mentionné au chapitre quatre en ce qui concerne la consolation des personnes endeuillées avec des chansons, de même les suicidaires trouveront du réconfort en écoutant des chansons chrétiennes. Lorsque le roi Saül a été aggravé par un esprit vexant, ses serviteurs ont suggéré,

> Que notre seigneur ordonne maintenant à tes serviteurs qui sont devant toi de chercher un homme qui est un joueur rusé sur une harpe; et il arrivera, quand le mauvais esprit de Dieu sera sur toi, qu'il jouera avec sa main, et tu seras bien (1 Samuel 16:16).

La musique chrétienne, et en particulier la musique pour le culte, a une puissante influence dans le domaine spirituel. Il existe de nombreux versets et histoires bibliques pour étayer cette affirmation. Mettre le suicidaire en position d'entendre les louanges et l'adoration est un excellent moyen de commencer le processus de démolition des forteresses qui les maintiennent liés. Plusieurs fois, je joue de la musique chrétienne enregistrée ou même chante avec mes clients dans la salle de conseil. L'adoration libère la puissance de Dieu pour travailler.

Encouragez avec l'Écriture

Encouragez le suicidaire à invoquer Dieu. Si vous avez un ami ou un être cher, peut-être un adolescent de l'église ou une femme qui, selon vous, lutte contre la dépression, encouragez-les à surmonter des versets comme les suivants:

Jean 3:16, « Car Dieu a tant aimé le monde, qu'il a donné son Fils unique, afin que quiconque croit en lui ne périsse pas, mais ait la vie éternelle.»

Apocalypse 2:11, "Celui qui a une oreille, qu'il entende ce que l'Esprit dit aux églises; celui qui vaincra ne sera pas blessé par la seconde mort." (Vous pouvez également rechercher tous les versets contenant le mot «overcometh» dans Apocalypse.)

Psaume 50:15: «Et invoque-moi au jour de la détresse: je te délivrerai, et tu me glorifieras.»

1 Corinthiens 10:13, "Aucune tentation ne vous a été prise, mais ce qui est commun à l'homme: mais Dieu est fidèle, qui ne vous laissera pas être tenté au-dessus de ce que vous pouvez; mais avec la tentation, vous ferez aussi un chemin vers échapper, afin que vous puissiez le supporter. "

Matthieu 4: 7, "Jésus lui dit: Il est écrit encore: Tu ne tenteras pas le Seigneur ton Dieu."

Jacques 4: 7, "Soumettez-vous donc à Dieu. Résistez au diable, et il fuira loin de vous."

Romains 6:14, "Car le péché ne dominera pas sur vous; car vous n'êtes pas sous la loi, mais sous la grâce".

1 Jean 3: 9, «Quiconque est né de Dieu ne commet pas de péché.»

Genèse 4: 7, «Si tu fais bien, ne seras-tu pas accepté? et si tu ne fais pas bien, le péché est à la porte. Et à toi sera son désir, et tu domineras sur lui. »

Lisez-leur ce livre.

Conclusion

Et vous connaîtrez la vérité, et la vérité vous affranchira.

—Jean 8:32

J'espère qu'en écrivant ce livre, vous verrez par vous-même que la Bible n'est certainement pas silencieuse sur cette question du suicide. De la Genèse à l'Apocalypse, Dieu parle. Que ferez-vous de cette connaissance? Voulez-vous le rejeter comme étant simplement mon interprétation, ou allez-vous l'examiner par vous-même comme Jésus a dit à ses disciples: « Voici mes mains et mes pieds, c'est moi-même: manipulez-moi et voyez; car un esprit n'a ni chair ni os, comme vous me voyez »(Luc 24:39)? Allez-vous lui permettre d'ouvrir votre compréhension comme il l'a fait à ses disciples: «Puis il a ouvert leur compréhension, afin qu'ils puissent comprendre les Écritures» (Luc 24:35), ou allez-vous fermer les oreilles et fermer votre yeux? Ami, ça vaut le coup de tenter sa chance avec ton âme? Je vous encourage à prendre la Bible pour argent comptant. Votre guérison est disponible même après une perte due au suicide. Vous n'avez pas à continuer pendant des années et des années dans un profond chagrin. G rieper la perte d'un être cher n'a jamais été conçu par Dieu comme une bataille à vie, mais seulement pour une saison. Votre chagrin peut être guéri aujourd'hui par la puissance de Dieu, mais comprenez qu'une bonne compréhension des Écritures vous aidera à avoir un fondement sûr dans cette guérison. Lisez-le par vous-même quotidiennement et méditez sur ses préceptes et ses témoignages, car cela vous rendra sage.

Je suis attristé quand je vois que l'église de notre Seigneur Jésus, dont Il a dit qu'elle devrait être sans tache ni rides, remplie de tant de taches et de rides. Il est absolument étonnant qu'avec la Parole qui nous regarde droit au visage, certains dans le corps de Christ puissent enseigner que vous pouvez vivre dans le péché et aller au ciel. « Et il s'est émerveillé à cause de leur incrédulité» (Marc 6: 6).

L'épouse d'un pasteur en deuil a écrit la note suivante à son mari qui s'est suicidé:

> Votre nom sera honoré et vous vous souviendrez de vous comme d'un héros. Vous avez mené le bon combat, et je ne peux qu'imaginer l'incroyable endroit que Dieu vous avait préparé lorsque vous avez franchi les portes du ciel ... en célébrant dans les rues d'or. Mais pour l'instant, je continuerai à vivre pour vous. J'élèverai nos garçons pour qu'ils soient des hommes de Dieu, tout comme vous. Votre nom vivra d'une manière puissante. Votre histoire a le pouvoir de sauver des vies, de changer des vies et de transformer la façon dont l'église soutient les pasteurs .... Jusqu'à ce que nous nous rencontrions de nouveau, je m'accroche à mon Père céleste. [1]

Suis-je le seul à voir quelque chose de terriblement mal avec la note de la femme de ce pasteur? Oui, je comprends qu'elle est en deuil, mais comme Aaron, je dois courir avec mon encensoir à la congrégation du Seigneur car «car il y a de la colère qui est sortie de l'Éternel; la peste est commencée »(Nombres 16:46). Il n'y a absolument rien d'héroïque dans la façon dont le mari de cette femme a mis fin à ses jours. C'est une honte pour le corps de Christ. «Car il est même honteux de parler de ce qui en est fait en secret» (Éphésiens 5:12).

Le Christ n'a-t-il pas encore le pouvoir de guérir toutes les maladies et toutes les maladies que l'homme peut rencontrer, ou a-t-il cessé ses miracles et sa puissance comme les cessationnistes l'enseignent? Cher ami, Dieu est vivant et est disposé à faire un miracle dans votre vie pour sa gloire. Si vous êtes mort à l'intérieur et que vous semblez n'avoir rien d'autre à vivre et que vous vous promenez dans une coquille de corps sans vie coulant de l'intérieur, alors vous avez besoin de la puissance surnaturelle de Dieu pour vous ressusciter des morts. Aujourd'hui, je vous présente, Jésus-Christ, la résurrection et la vie!

Remarques

introduction
1. Billy Prewitt, *The Inspiration of Scripture* (Lake City, FL: TrinityBibleSchool.com, 2019), 83-84.
2. Billy Prewitt, *The Inspiration of Scripture* (Lake City, FL: TrinityBibleSchool.com, 2019), 70-71.
3. Jesus Freaks: Martyrs. Histoires de ceux qui ont marché pour Jésus: les monstres ultimes de Jésus. (Bloomington, MN: Bethany House Publishers, 1999), 49.

Chapitre 1
1. Jesus Freaks: Martyrs. Histoires de ceux qui ont marché pour Jésus: The Ultimate Jesus Freaks (Bloomington, MN: Bethany House Publishers, 1999), 214.
2. Oral Roberts, *Expect a Miracle: My Life and Ministry* (Nashville, TN: Thomas Nelson Publishers, 1995), 208-210.
3. Nouvelles PGM. (Chicago, IL: Pacific Garden Mission, octobre 2017), 3-4.
4. Glenda Revell, *L'histoire de Glenda: dirigée par Grace* (Lincoln, NE: Gateway to Joy, 1994), 86-89.

Chapitre 2

1. Matthew Henry, *Commentaire de Matthew Henry sur la Bible* , éd. Électronique. (Peabody, MA: Hendrickson Publishers, 1997), 1 Samuel 31: 1-7.

chapitre 3
1. Matthew Henry, *Commentaire de Matthew Henry sur la Bible* , éd. Électronique. (Peabody, MA: Hendrickson Publishers, 1997), Matthieu 4: 1-11.
2. Jesus Freaks: Martyrs. Histoires de ceux qui ont marché pour Jésus: The Ultimate Jesus Freaks (Bloomington, MN: Bethany House Publishers, 1999), 40.
3. « Le pasteur de California Megachurch commet un suicide avec des« défis de santé mentale »», Prophecy in the News, https://prophecyinthenews.com/world_news/california -megachurch-pastor-commits-suicide-with-mental- health-challenges/ (consulté le 12/12/19).
4. « Le fils du pasteur Rick Warren, Matthew, se suicide après une bataille permanente contre la maladie mentale», Abc News, https://abcnews.go.com/US/pastor-rick-warrens-son- matthew-commits-suicide-lifelong/story ? id = 18897249, (consulté le 2/12/19).
5. « Les conseillers Nouthetic peuvent-ils gérer la maladie mentale?», Institute for Nouthetic Studies, http://www.nouthetic.org/can-nouthetic-counselors- deal-with-mental-illness (consulté le 24/02/19).

Chapitre 4

1. John Kilpatrick, Revival Classics Vol.1: Unnatural Sorrow, (disque compact), Daphne, AL: John Kilpatrick Ministries, 2009.
2. Kilpatrick, «Revival Classics Vol.1: Unnatural Sorrow».
3. « Elisabeth Elliot», http://www.elisabethelliot.org/radio.html (consulté le 08/03/19).
4. Kilpatrick, «Revival Classics Vol.1: Unnatural Sorrow».
5. Elisabeth Elliot, Gateway to Joy, lecture de George Mcdowell, https://bbn1.bbnradio.org/english/home/all-programs/gateway-to-joy-elisabeth-elliot/ (entendu le 26/11/18) .
6. Jesus Freaks: Martyrs. Histoires de ceux qui ont marché pour Jésus: The Ultimate Jesus Freaks (Bloomington, MN: Bethany House Publishers, 1999), 255.
7. Kilpatrick, «Revival Classics Vol.1: Unnatural Sorrow».
8. George Muller, *L'autobiographie de George Muller* (New Kensington, Pennsylvanie: Whitaker House, 1985), 18, 110

Chapitre 5

1. Mark Rutland, Le vrai sens de la Pentecôte, (DVD), Pensacola, FL: Brownsville Assembly of God, 2001.

2. « Kaieteur Falls Tragedy ... Le suicide était prévu quelques jours auparavant», Kaieturenewsonline.com, https://www.kaieteurnewsonline.com/2015/11/23/kaieteur-falls-tragedy-suicide-was-planned-days-before/ (consulté le 08/03/19).

3. John Bunyan, *The Pilgrim's Progress* (FaithPoint Press, 2005) , 63.

4. Nicky Cruz, *Le diable n'a pas de mère* (Brentwood, TN: Worthy Publishing, 2012) , 112.

5. Matthew Henry, *Commentaire de Matthew Henry sur la Bible* , éd. Électronique. (Peabody, MA: Hendrickson Publishers, 1997), Matthieu 4.

6. Témoignage de Steve Hill et son message à l'Église, https://andydell.podbean.com/e/steve-hills-testimony (consulté le 08/03/19).

7. Glenda Revell, *L'histoire de Glenda: dirigée par Grace* (Lincoln, NE: Gateway to Joy, 1994), 94-95.

8. Kathryn Joyce, «The Rise of Biblical Counselling», The Social Justice Foundation, https://psmag.com/social-justice/evangelical-prayer-bible-religion-born-again-christianity-rise-biblical-counseling-89464# .tqaevjslk (consulté le 08/03/19).

9. « Le fils du pasteur Rick Warren, Matthew, se suicide après une longue bataille contre la maladie mentale», Abc News, https://abcnews.go.com/US/pastor-rick-warrens-son-matthew-commits-suicide-lifelong/story?id = 18897249, (consulté le 2/12/19).

Chapitre 6

1. Mark Rutland, Le vrai sens de la Pentecôte, (DVD), Pensacola, FL: Brownsville Assembly of God, 2001.

2. Jay E. Adams, *Competent to Counsel* (Grand Rapids, MI: Zondervan Publishing House, 1970), 140-1 notes.

3. En surface, cela semblerait en contradiction avec ce qui a été dit dans le chapitre 5 sur les mensonges de Satan pour convaincre quelqu'un que le monde serait mieux sans eux, mais vous remarquerez que le mensonge a à voir avec la solution proposée de la suicidaire plutôt que la réalité de son péché. Oui, le diable ment pour amener une personne à se suicider, mais le mensonge est basé sur la vérité de la vie pécheresse de la personne. C'est la vie pécheresse qui est en cause ici.

4. « Suicide in the United States», Wikipedia https://en.m.wikipedia.org/wiki/Suicide_in_the_United_States (consulté le 3/8/19).

5. « Suicide aux États-Unis», Wikipedia

6. « Bro. DGS Dhinakaran », Jesus Calls, www.prayertoweronline.org/about-us/founders-profile/bro-dgs-dhinakaran (consulté le 27/11/18).

7. Patti Townley-Covert, «La prière et le prodigue», Le Conseil général des Assemblées de Dieu, https://news.ag.org/news/prayer-and-the-prodigal (consulté le 22/01/19).

Conclusion

1. Jessilyn Lancaster, «L'épouse du pasteur bien-aimé qui a commis le suicide s'exprime», Charisma, https://www.charismamag.com/life/women/38266-wife-of-beloved-pastor-who-committed-suicide-speaks-out (consulté le 11/03/19).

Faire face au suicide

Annexe 1

Références bibliques utilisées dans l'ordre des livres

Luc 4:18
Colossiens 1:23
2 Pierre 1:21
2 Timothée 3: 16-17
2 Pierre 1:16
1 Jean 1: 3
Actes 17:11
Matthieu 27: 3-5
Actes 1:18
2 Samuel 17:23
1 Samuel 31: 4
1 Samuel 31: 5
1 Rois 16:18
Marc 5: 1-6
Matthieu 4: 5,6
Matthieu 4: 7
Matthieu 19: 16-18
1 Corinthiens 10: 9
Hébreux 4:15
Jean 17:12
Actes 1:25
1 Chroniques 10: 13,14
2 Samuel 7:15

Matthieu 23: 2-3
1 Corinthiens 6: 9, 18, 10: 8
Éphésiens 5: 3
1 Thessaloniciens 4: 3
Éphésiens 5:29
Deutéronome 19: 11-13
1 Jean 3:15
Apocalypse 21: 8
Jean 8:21
Hébreux 10: 26-29
Romains 3:25
Luc 13: 3, 5
Jean 8:31
Matthieu 5:22
Marc 9: 43-48
Apocalypse 2:21
Matthieu 3: 2
2 Pierre 2: 20-22
Matthieu 10: 2-4
Jean 12: 6
1 Samuel 10: 9-13

1 Chroniques 10:13
2 Samuel 15:31, 16:21
1 Rois 16:16
Matthieu 19: 16-22
Ézéchiel 18:24
Ézéchiel 18:26
Jean 6:60, 66
2 Chroniques 24: 18-19
2 Timothée 4:10
1 Pierre 4:18
2 Pierre 3: 16-17
1 Samuel 28:16
2 Chroniques 7: 19-20
2 Chroniques 15: 2
2 Chroniques 24:20
Jérémie 45: 4
2 Chroniques 12: 5
2 Pierre 2: 4-6
Apocalypse 3: 5-6
Jean 8:11
Jean 5:14

Psaumes 42:11
2 Samuel 3: 31-35
1 Samuel 28: 7-15
Deutéronome 18 v 9
Job 1: 20-22
2 Corinthiens 7:10
Deutéronome 34 v 8
Ecclésiaste 3: 1-4
Jérémie 8:22
2 Samuel 1 8:33,
19: 4
1 Pierre 5: 7
Jacques 5:16
1 Thessaloniciens
5:18
Job 1: 5
Ézéchiel 18:32
Deutéronome 4 v 1
Deutéronome 5:33
Jérémie 29:11
Jean 10:10
Luc 9:56
3 Jean 1: 2
Matthieu 18:14

1 Chroniques 29:17
Deutéronome 18 v
10
Luc 2:14
Job 2:10
Psaume 119: 71
Luc 6: 47-49
2 Chroniques 33:13
Proverbes 4:23
Matthieu 15: 19-20
Hébreux 11: 6
Matthieu 17:20
Luc 8: 27-30
Jean 10:10
Genèse 3: 4
Luc 4: 9-11
Actes 16:27, 28
Ésaïe 43: 2
Jean 8:32
Luc 16: 19-31
2 Corinthiens 1: 4
1 Corinthiens 6: 4
Psaume 1: 1-2
2 Timothée 1: 7

Marc 3:15
Marc 5: 8
Matthieu 17: 14-18
Luc 18: 10-14
1 Corinthiens 10:13
Matthieu 17: 19-21
Marc 2: 3-5
Jacques 5: 13-15
1 Corinthiens 1: 2
Genèse 4: 7
Romains 6:14
1 Jean 3: 9
Jean 3:16
Apocalypse 2:11
Psaume 50:15
1 Corinthiens 10:13
Matthieu 4: 7
Jacques 4: 7
Romains 6:14
Luc 24:39
Marc 6: 6
Luc 24:35
No Nombres 16:4
Éphésiens 5:12

Annexe 2

Brochure

Quand tu gâches, viens
par Rebekah Prewitt

Avez-vous déjà eu des ennuis quand vous étiez enfant? Vous souvenez-vous de ce que vous avez ressenti lorsque vous avez été réprimandé? Je fais. Quand mes parents m'ont grondé, il m'a normalement fallu quelques jours pour vraiment sentir que je pouvais à nouveau les approcher confortablement. Pourquoi? Je me sentais éloigné d'eux parce qu'ils me grondaient. De même, lorsque Dieu nous gronde, nous nous sentons éloignés de Lui. Nous ne voulons pas l'approcher, mais vous souvenez-vous de ce qu'il dit dans Proverbes 3: 11-12? "Mon fils, ne méprise pas le châtiment de l'Éternel; ne te lasse pas de sa correction: Pour qui l'Éternel aime, il corrige."

Souvent, lorsque nous nous trompons, nous ne voulons pas approcher Dieu. Jacques dit: "Approchez-vous de Dieu, et il s'approchera de vous" (4: 8). Ensuite, c'est intéressant, la phrase suivante déclare: "Purifiez vos mains, pécheurs; et purifiez vos cœurs, vous à deux tranchants. Soyez affligé, et pleurez, et pleurez: que votre rire se transforme en deuil, et votre joie de lourdeur "et" Humiliez-vous aux yeux du Seigneur, et il vous élèvera. " Donc, vous ne voulez pas vous approcher de Dieu parce que vous avez péché, mais c'est le moment où vous devez vous approcher et vous repentir quand vous venez.

Écoutez, le livre d'Hébreux 12 nous dit:

> 12 C'est pourquoi, levez les mains qui pendent et les genoux faibles; 13 Et tracez des sentiers droits pour vos pieds, de peur que ce qui est boiteux ne se détourne du chemin; mais qu'il soit plutôt guéri. 15 Regardant diligemment de peur qu'un homme ne manque de la grâce de Dieu; de peur qu'une racine d'amertume ne vous dérange et que, par conséquent, beaucoup ne soient souillés; 16 De peur qu'il n'y ait un fornicateur, ou un profane, comme Ésaü, qui pour un morceau de viande a vendu son droit d'aînesse. 17 Car vous savez comment après cela, quand il aurait hérité de la bénédiction, il a été rejeté: car il n'a trouvé aucun lieu de repentir, bien qu'il l'ait soigneusement cherché avec des larmes.

Vous voyez, si vous ne vous approchez pas de Dieu lorsque vous L'avez échoué, vous pouvez devenir amer (v. 15). Mais, au lieu de devenir amer, il vous invite à venir à lui et à être guéri. "De peur que ce qui est boiteux [ce qui signifie que vous avez à vous-même une blessure parce que vous êtes tombé] ne soit écarté" (v. 13). En d'autres termes, Dieu vous a refusé parce que vous qui êtes maintenant boiteux n'êtes pas venus pour votre guérison - alors maintenant, vous échouez de la grâce de Dieu. Il vous l'a rendu disponible, mais vous n'avez pas réussi à le recevoir et à continuer dans votre péché. Faire cela, mon ami, vous fait insulter l'Esprit de grâce. Vous avez considéré que la grâce de Dieu n'était pas suffisante pour vous aider à surmonter votre péché.

La Bible dit: **Si** nous péchons, **pas quand** nous péchons, mais **si** nous péchons. Écoutez ce que l'apôtre Jean a écrit: "Mes petits enfants, je vous écris ces choses, afin que vous ne péchiez pas. Et si quelqu'un pèche, nous avons un avocat auprès du Père, Jésus-Christ le juste" (1 Jean 2: 1). .

Dieu a mis Sa grâce à votre disposition MAINTENANT si vous luttez dans le péché. Au lieu de tendre la main et de saisir cette grâce comme vous le devriez, on vous a appris à comprendre la grâce pour signifier que vous pouvez toujours vivre dans le péché et que la grâce de Dieu prendra soin de vous. Si vous pensez cela, vous avez été sincèrement trompé et mal enseigné.

Au lieu de dire: *Eh bien, nous sommes tous des pécheurs et personne ne peut vivre une vie parfaite* , pourquoi ne pas croire la parole de Dieu selon laquelle Il est capable de vous aider à surmonter ce péché. Écoutez, si vous dites que vous croyez en Dieu et que l'évangile que vous croyez n'a pas le pouvoir de vous délivrer du péché dans lequel vous êtes impliqué, alors l'évangile que vous croyez n'a pas de dents et Christ est mort en vain. Mais, Christ n'est pas mort en vain et comme Il a vaincu le péché et la mort, vous pouvez aussi - à travers Lui.

Lorsque nous nous trompons et commettons un péché, Dieu nous appelle à *venir ici* . Il dit: "Venons-en donc hardiment au trône de la grâce, afin que nous puissions obtenir miséricorde et trouver la grâce pour aider en cas de besoin" (Hébreux 4:16). Vous voyez, Dieu a la grâce de vous donner quand vous êtes faible et de vous aider à surmonter ce péché. Il a dit: "Ma grâce te suffit: car ma force est rendue parfaite dans la faiblesse" (2 Cor. 12: 9).

Si vous dites, Je peux continuer dans mon péché parce que la grâce de Dieu prendra soin de moi, vous avez mal compris les Écritures et montrez que vous allez essayer d'abuser de la grâce de Dieu. Dieu dit:

Si nous décidons de continuer à pécher après avoir appris la vérité, il n'y a plus de sacrifice pour les péchés. Il n'y a rien d'autre que de la peur en attendant le jugement et le terrible feu qui détruira tous ceux qui vivent contre

Dieu ... Alors, que pensez-vous qu'il faudrait faire à ceux ... qui insultent l'Esprit de grâce de Dieu? (Hébreux 10: 26-29).

Mon ami, Il vous a donné la grâce afin que vous puissiez l'utiliser pour recommencer à marcher correctement avec Lui. C'est un merveilleux cadeau! Alors venez!

Il dit aussi: "Si quelqu'un recule, mon âme n'aura aucun plaisir en lui" (Héb 10:38). Vous insultez son Esprit de grâce si vous vous retirez. Utilisez plutôt la grâce qu'il donne comme tremplin pour vous rapprocher de lui.

Annexe 3

Exemple de déclaration de foi

1. Nous croyons que la Sainte Bible est la Parole de Dieu inspirée, infaillible et inerrante.
2. Nous croyons en un seul Dieu qui existe en trois personnes, à savoir le Père, le Fils et le Saint-Esprit.
3. Nous croyons que Jésus-Christ est venu dans la chair par la naissance vierge, a mené une vie sans péché, a accompli de grands et puissants miracles, est mort sur la croix et s'est ressuscité corporellement pour nous racheter de nos péchés et est actuellement assis à la droite du Père. faire de l'intercession pour nous.
4. Nous croyons que l'homme a été créé à la fois bon et droit mais est tombé par transgression volontaire entraînant à la fois la mort physique et la mort spirituelle.
5. Nous croyons que le salut n'est possible que par Jésus-Christ pour tous ceux qui se repentent vraiment, croient et endurent jusqu'à la fin.
6. Nous croyons au baptême du Saint-Esprit mis en évidence en parlant dans d'autres langues.
7. Nous croyons en l'expression moderne des dons de l'Esprit.
8. Nous croyons au châtiment éternel des méchants et aux récompenses éternelles des justes.
9. Nous croyons à l'enlèvement pré-tribulation de l'Église et au retour littéral du Christ pour régner pendant mille ans sur la terre.

www.ingramcontent.com/pod-product-compliance
Lightning Source LLC
Chambersburg PA
CBHW071520150726
48000CB00002B/626